Servicios de bar y cafetería

Guía para el docente y solucionarios

Editado por: IC Editorial
c/ Cueva de Viera, 2, Local 3
Centro Negocios CADI
29200 Antequera (Málaga)
Teléfono: 952 70 60 04
Fax: 952 84 55 03
Correo electrónico: iceditorial@iceditorial.com
Internet: www.iceditorial.com

Guía para el docente y solucionarios:
Servicios de bar y cafetería

1ª Edición

ISBN: 978-84-1184-611-0
Depósito Legal: MA 228-2025

Impresión: PODiPrint
Impreso en Andalucía - España

Nota de la editorial: IC Editorial pertenece a Innovación y Cualificación S. L.

Índice

Bloque 1

Guía para el docente: técnicas de enseñanza y aprendizaje

Bloque 2

Solucionarios de ejercicios de repaso y autoevaluación

Bloque 1

Guía para el docente: técnicas de enseñanza y aprendizaje

Contenido

1. Introducción

El presente capítulo está destinado a ofrecer al cuerpo docente responsable de la enseñanza del programa de cualificaciones profesionales y certificados de profesionalidad, una guía metodológica para obtener el máximo rendimiento de los contenidos formativos que han sido desarrollados para el presente título.

La mejora de las habilidades comunicativas y la aplicación de una metodología contrastada de enseñanza, aprendizaje y evaluación permitirá transmitir el conocimiento y adquirir el programa formativo de la forma más efectiva y práctica posible.

Estudiaremos cuáles son los principales elementos que forman parte de la comunicación profesor-alumno, a través de una cuidada selección de sistemas de planificación de estrategias didácticas, así como la utilización de medios y recursos didácticos.

La integración de todas las actividades planificadas alrededor de un plan de formación adaptado e individualizado, aumentará además la satisfacción del alumnado por la utilización de un sistema no lineal e interactivo que se retroalimenta gracias a la relación establecida entre la propia metodología y los actores que forman parte de la enseñanza.

2. El programa de formación

Una de las claves del éxito de la mayoría de las actividades que se realizan en general, y concretamente en la formación, es la **programación.** Es necesaria la programación de las acciones formativas, para que así se pueda alcanzar el objetivo final, es decir, que el alumno obtenga una buena capacitación y adquiera nuevos conocimientos en su repertorio y que, después, sea capaz de emplearlos en su trabajo.

2.1. Definición de programación

Cuando se habla de **programación,** se pueden encontrar multitud de definiciones. Para sintetizar, se podría definir como la actividad de enunciar lo que se quiere hacer (objetivos, contenidos, métodos, temporalización, medios y recursos didácticos y evaluación).

DEFINICIÓN

Programación

Es un plan donde se establecen las acciones que se van a realizar en un proceso de enseñanza-aprendizaje, por medio de un formador o un equipo.

A continuación, se va a describir una serie de características que tiene que tener una programación didáctica:

- Dinámica. Una programación no es estática ni está acabada, siempre está en constante revisión, de ahí su dinamismo. Además va cambiando o evolucionando según los resultados de la evaluación continua que se va realizando durante la ejecución de la acción.
- Flexible. Esta característica permite que se puedan hacer cambios, ampliaciones, reducciones y actualizaciones de los contenidos y actividades programadas, según las necesidades que se observen.
- Creativa. La programación como es un diseño propio y exclusivo, exige creatividad y originalidad. El docente es el que decide sobre el quehacer en el aula teniendo en cuenta las características del grupo, las necesidades que se pretenden satisfacer y las propias posibilidades.
- Prospectiva. La programación consiste en hacer un pronóstico de la interacción que se va a producir en el aula.

- Sistemática. La programación es un proceso sistematizador que da coherencia a la acción formativa, ya que tiene en cuenta todos los elementos (objetivos, contenidos, métodos, temporalización, medios y recursos pedagógicos y evaluación) que intervienen en el acto educativo y analiza sus relaciones.
- Integradora. Permite integrar elementos de cualificación técnico-profesionales con elementos de cualificación personal de alumnado.
- Funcional. Toda programación debe basarse en el perfil profesional de la ocupación y estructurar los contenidos formativos que proporcionan las competencias de ésta.

2.2. Elementos de la programación

Antes de empezar cualquier programación formativa, es necesario tener en cuenta los datos obtenidos del análisis de la ocupación y del grupo al que se dirige la acción formativa. A partir de esta información, se determinan los elementos que van a conformar la programación.

Cuando se realiza la programación de un curso, hay que plantearse previamente las siguientes preguntas:

1. ¿Qué quiero conseguir con la formación?	**OBJETIVOS**
2. ¿Qué conocimientos deben asimilar los alumnos para alcanzar los objetivos propuestos?	**CONTENIDOS DEL CURSO**
3. ¿Cómo trabajamos en el aula? ¿Qué actividades son las que realizamos?	**MÉTODOS DE ENSEÑANZA**
4. ¿Cuánto tiempo tengo y cuánto dedico a cada módulo?	**TEMPORALIZACIÓN**
5. ¿Qué medios y recursos didácticos se necesitan para poder llevar a cabo esas actividades?	**MEDIOS Y RECURSOS DIDÁCTICOS**
6. ¿Cómo sabemos que se ha producido el aprendizaje?	**EVALUACIÓN**

3. Factores determinantes de la efectividad de la comunicación en el proceso de enseñanza-aprendizaje

En toda comunicación que se produzca en el proceso de enseñanza-aprendizaje, existen factores determinantes que obstaculizan o refuerzan este proceso.

3.1. Obstáculos de la comunicación

Relacionados con el emisor

- No expresar de forma clara qué mensaje se quiere transmitir.
- Comentar algo a lo largo de la explicación que no sea lo correcto y pueda resultar desagradable.
- Cambiar el tema de conversación.
- Desviarse del tema que se está tratando.
- No mirar al receptor cuando se quiere expresar algo.
- No estar atento a las señales que emite el receptor.
- Expresar alguna idea a través de los gestos que no se corresponda con la idea a comunicar.

Relacionados con el receptor

- No comprender las ideas que quiere expresar el emisor.
- No pedir explicación al emisor de aquella información que no le haya quedado clara.
- Interrumpir al emisor cuando está hablando.
- Captar algo diferente a lo que el emisor desea transmitir.

Relacionados con el mensaje

- Mensaje confuso.
- Mensaje muy corto.

- Mensaje muy extenso.
- Abuso de muletillas.
- Utilización de frases sin terminar.
- Dar "rodeos" para decir la idea principal.

Relacionados con el contexto

- No ser el momento adecuado para transmitir algo.
- No saber escoger el lugar oportuno.
- La presencia de ruidos y de interferencias.
- No pensar en las personas que están cerca.

Relacionados con el código

- No utilizar el mismo código que la persona con la que se habla o a la que se escucha.
- No adaptar el vocabulario a la situación o a la persona con la que se conversa.
- Utilizar el doble sentido.

3.2. Sugerencias para el mejor funcionamiento de la comunicación

Emisor

- Acostumbrarse a planificar la comunicación.
- Concretar visiblemente los objetivos.
- Buscar la retroalimentación en la comunicación.
- No tratar de impresionar al receptor.

Mensaje

- Que sea claramente entendido por el receptor.
- Que la terminología usada sea de referencia común.
- Que reclame la atención y el interés del alumnado.
- Que sea sencillo de interpretar.

- Que su contenido sea adecuado y convincente.
- Que produzca el máximo efecto posible.

Canal

- Que sea el más apropiado al grupo al que se dirige, al contenido del mensaje y al objetivo que persigue el formador.
- Que sea el que cause mayor impacto en el receptor.
- Que sea el más eficaz.
- Que sea el que mejor domine el formador.

4. La comunicación verbal y no verbal en el proceso instructivo

Los medios de comunicación pueden agruparse en dos grandes bloques: los **medios verbales,** que son aquellos que usan la lengua como código compartido; y los **medios no verbales,** que son los que se fundamentan en otros códigos simbólicos. A su vez, dentro de los medios verbales, están el medio escrito y el medio oral.

Cada uno de estos medios tiene sus ventajas y sus inconvenientes, por lo que la selección del medio deberá tener en cuenta las circunstancias y características que en cada caso presenta el comunicador, la audiencia y el mensaje que se ha de transmitir.

4.1. Los medios verbales

La comunicación verbal

La comunicación verbal se utiliza para comunicar ideas o dar información, opiniones, expresar o describir sentimientos, etc. Sirve de vehículo a los contenidos explícitos del mensaje. Para garantizar la efectividad de la comunicación, es necesario que el mensaje se presente de forma descriptiva y operativa, pero siempre teniendo muy en cuenta el código común del grupo al que va dirigida esta comunicación.

Un uso correcto del lenguaje oral ayuda a acercarse más a los alumnos. Los principales aspectos a considerar son los que aparecen a continuación.

Construcciones gramaticales

El objetivo será transmitir el mensaje de la manera más clara posible. Se deben evitar los giros rebuscados, la sintaxis complicada y las metáforas. En las explicaciones y conversaciones debe primar el contenido sobre la forma.

Vocabulario

Es importante saber qué palabras van a expresar mejor los conceptos que se desean transmitir y las que pueden ser comprendidas mejor por los alumnos. El análisis previo de los alumnos ayuda a saber qué términos técnicos se pueden utilizar sin problemas, cuáles se tienen que explicar y cuáles se deben evitar.

En general, siempre hay que mantenerse dentro de un lenguaje formal, evitando los vocablos demasiado coloquiales, las palabras extranjeras, las referencias académicas y expresiones de carácter religioso, político, deportivo o cultural, que pueden resultar agresivas para los alumnos.

Ejemplos

Los conceptos abstractos que pueden aparecer y que dificultan la adquisición de los contenidos, tienen que ser expresados mediante las explicaciones del formador, siempre apoyándose en la visualización.

La comunicación escrita

La comunicación escrita posee un carácter más veraz que la oral. La interacción que tiene lugar entre el emisor y el receptor no es inmediata, en algunas ocasiones no llega a producirse jamás. Este tipo de comunicación ofrece más oportunidades expresivas y mayor complejidad gramatical, sintáctica y léxica. También hay que tener en cuenta que a veces dificulta la expresión y/o puede no proporcionar *feedback* de manera inmediata.

4.2. Los medios no verbales

Al igual que las palabras, los elementos de la comunicación no verbal son signos que representan una idea (se excluyen todos los signos lingüísticos).

A diferencia de la comunicación verbal, su función no se centra sólo en la transmisión de contenido, sino que traspasa esa frontera para expresar también las emociones del emisor, controlar la interacción y proporcionar *feedback* del efecto que el mensaje produce en el receptor. Todas estas funciones son muy útiles para el formador, tanto en su tarea de transmisor de conocimientos como en la tarea de motivar y dirigir al grupo.

A continuación, se detallan las diferentes categorías en las que se agrupan los elementos de la comunicación no verbal.

Kinesia

Posturas

Una de las primeras cosas que el formador debe transmitir a sus alumnos es confianza y seguridad, lo que puede conseguirse a través de una postura erguida (sin llegar a ser arrogante), de pie, apoyándose sobre los dos pies y manteniendo la cabeza alta.

Esta postura es útil, especialmente durante la presentación del curso, porque ayuda a relajar el cuerpo, a facilitar la respiración y a controlar las muestras de nerviosismo, al tener un buen apoyo en el suelo.

A medida que avanza el curso, se pueden adoptar otras posturas que faciliten el descanso (apoyarse), el acercamiento (echar el cuerpo hacia delante) o que resten protagonismo (sentarse).

Gestos

Los gestos son un buen aliado del formador, excepto cuando éste se siente incómodo o nervioso. Gestos de carácter adaptador, como rascarse o colocarse la ropa, pueden delatar su estado emocional.

La mayoría de los gestos cumplen la función de reforzar el mensaje verbal (ilustradores), aunque existen otros cuya función es regular las intervenciones cuando se dirige una discusión de grupo.

Expresiones faciales

Las expresiones de la cara transmiten las emociones y permiten obtener fácilmente una respuesta del alumno.

Una expresión facial agradable, como una sonrisa no forzada, facilita la creación de un ambiente relajado en el aula. Una sonrisa puede ser muy útil también para romper la tensión que inevitablemente surge en algunas sesiones.

Mirada

La mirada, junto con la postura, es uno de los mejores métodos para transmitir confianza (en momentos de nerviosismo se tiende a apartar la vista) y para captar la atención de los alumnos.

Mientras el formador habla debe mantener la mirada sobre los alumnos la mayor parte del tiempo, mirándolos el tiempo suficiente como para que se sientan atendidos pero no incómodos. También se puede utilizar la mirada durante las discusiones de grupo, con una función reguladora de las distintas intervenciones.

Desplazamientos

Realizar desplazamientos en el aula capta la atención del alumnado, además de facilitar el contacto visual. Hay que procurar que no sean repetitivos o bruscos (pasear cerca de los alumnos), y cambiar de un recurso a otro (ir de la pizarra al retroproyector), etc.

RECUERDE

Los recursos no verbales que estudia la Kinesia son:

- Posturas.
- Gestos.
- Expresiones faciales.
- Mirada.
- Desplazamientos.

Estos recursos pueden utilizarse tanto para reforzar lo que se expresa mediante la comunicación verbal como para sustituirlo.

Proxémica

El aspecto de la proxémica que más interesa es la proximidad física entre los individuos, ya que los alumnos pueden sentirse violentos si el formador se aproxima excesivamente a ellos o, por el contrario, verle distante si no se acerca.

Se debe prestar atención a este aspecto, tanto durante las intervenciones como al distribuir el espacio del aula que se va a emplear, evitando siempre que los asientos estén demasiado juntos o demasiado separados.

Paralingüística

Para captar la atención del público, los oradores suelen hacer uso de determinados aspectos como el tono de voz o las pausas, que en algunos casos pueden parecer exagerados.

El formador, aunque emplee el método de la lección magistral, no es un orador y, por tanto, no debe prestar especial atención a estos aspectos, excepto cuando le plantean algún problema, debido a la ansiedad, al cansancio o a un mal estado de salud. Practicar en voz alta y realizar grabaciones durante la fase de preparación puede ayudar a vencer estas dificultades.

Volumen

Aunque el aula sea pequeña, se tiene que realizar el esfuerzo de hablar lo suficientemente alto para que todos los alumnos oigan las explicaciones y, a la vez, transmitir confianza. En general, el volumen se ajustará instintivamente cuando se compruebe dónde se sitúa la persona que se encuentra más alejada.

Entonación

El problema más frecuente, especialmente si se está cansado, es la monotonía, que no contribuye a captar la atención ni a motivar a los alumnos.

El interés que el formador muestre por el tema y una correcta preparación le hará destacar los puntos clave y jugar con la entonación de una forma adecuada a lo largo de toda la exposición.

Pronunciación

Los problemas se presentan especialmente cuando se está nervioso o se habla demasiado rápido. Se debe hacer un esfuerzo por articular todas las palabras de manera limpia y clara, abriendo la boca lo suficiente para pronunciar correctamente las sílabas, consonantes y vocales.

Velocidad

Una velocidad correcta puede ayudar a resolver problemas de pronunciación y de entonación. Se debe hablar a una velocidad normal o algo superior, para facilitar el mantenimiento de la atención. No obstante, si se está nervioso, se puede hablar con mayor lentitud para facilitar la respiración y relajarse. También se debe reducir la velocidad cuando se expliquen conceptos técnicos complejos o cuando se espere alguna respuesta por parte de los alumnos.

RECUERDE

Los elementos que trata la Paralingüística son:

- El volumen.
- La entonación.
- La pronunciación.
- La velocidad.

Proyección física

Existen determinados factores que, sin que la persona diga ni haga nada, transmiten información y hacen referencia a la imagen física que esta persona proyecta.

Es fundamental que el formador transmita una imagen positiva para los alumnos. Se debe cuidar el aspecto externo y los artefactos que se usen, como los adornos y prendas de vestir. La manera adecuada de vestir depende de la situación y siempre debe estar en consonancia con lo que cada colectivo de alumnos espera del formador.

EJEMPLO

Sería negativo vestir pieles para impartir un curso cuyo objetivo fuese desarrollar actitudes positivas hacia la protección del medio ambiente.

En cualquier caso, se debe llevar ropa que resulte cómoda, bien cuidada y no demasiado llamativa. A los adornos y al peinado se aplican las mismas reglas que al vestido.

IMPORTANTE

Un objetivo fundamental del formador es dirigir la atención de los alumnos hacia el contenido que está desarrollando, nunca hacia su persona.

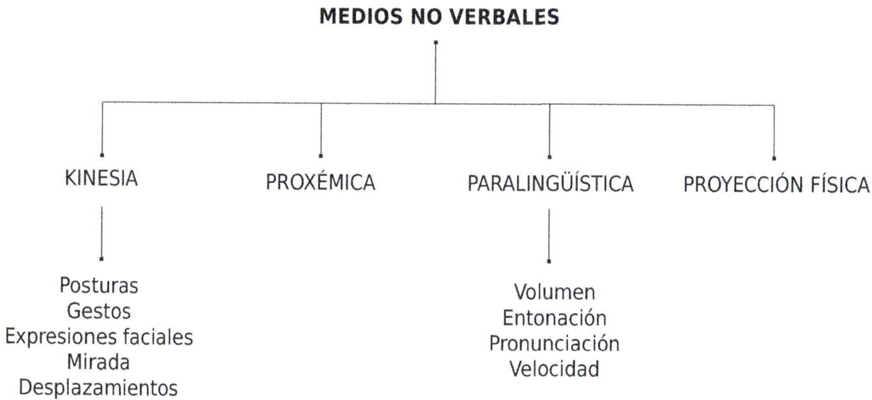

Finalmente, conviene recordar que si el formador observa atentamente la comunicación no verbal que expresan los alumnos, obtendrá una gran cantidad de información.

Hay numerosos signos no verbales que puede mostrar el alumno:

- **Atención:** posturas del cuerpo (inclinado hacia delante, hacia atrás...).
- **Necesidad de hablar:** movimientos sutiles de la boca, de la mano, etc.
- **Irritación:** movimiento de pies, manipulación de objetos sobre la mesa, etc.
- **Concentración:** tomar apuntes, mirar al docente, etc.
- **Cansancio:** cuerpo hundido, suspiros, etc.
- **Inercia:** silencios de todo el grupo, etc.
- **Desinterés:** cerrar el cuaderno, bostezar, mirar al vacío, etc.
- **Sorpresa:** levantar los brazos, abrir la boca, levantar las cejas, abrir los ojos, etc.

Si se observan estos elementos de forma atenta, se podrá obtener información sobre la comprensión del mensaje y el estado emocional de los alumnos, lo que será de gran utilidad para el formador durante el curso.

La comunicación no verbal aporta información al formador sobre los alumnos

5. Técnicas de secuenciación de contenidos

Una vez seleccionados los contenidos, hay que ordenarlos secuencialmente. La **secuenciación y estructuración de los contenidos** es el proceso que permite situarlos en una configuración que produce el máximo aprendizaje en el mínimo tiempo posible.

Algunas de las técnicas para la secuenciación de contenidos son las siguientes:

- Que los contenidos estén de acuerdo con los objetivos propuestos y con los plazos previstos para conseguirlos.
- Empezar por los contenidos más próximos y significativos para el alumno, para llegar poco a poco a lo desconocido. De esta manera, resultará más fácil introducir los nuevos contenidos.
- Ir de lo inmediato a lo remoto.
- Ir de lo concreto a lo abstracto.
- Ir de lo más fácil a lo más difícil. Esto motiva al alumnado porque le va mostrando los avances de manera rápida.

Las principales ventajas que este proceso conlleva son:

- Ayuda al participante a pasar de un conocimiento o habilidad a otro.

- Garantiza que los conocimientos y habilidades previas son alcanzados antes de introducir elementos nuevos.
- Reduce el tiempo de formación.
- Evita la confusión y los fallos en el participante.

Estos puntos son los principales aspectos a tener en cuenta cuando se realiza la presente fase de la programación de la formación, es decir, cuando se fijan los contenidos de la formación.

6. La selección y planificación de estrategias didácticas

Las personas que realizan un curso de formación son diversas, por ello es muy importante que las estrategias didácticas se adapten, de la mejor forma posible, al contexto y permitan una flexibilidad.

Estrategias didácticas
Son procedimientos que el formador emplea para facilitar el aprendizaje, con la intención de que éste sea significativo.

Tras la selección y estructuración de contenidos, llega el momento de decidir la modalidad de formación a seguir y la metodología a utilizar en su impartición. Pero esta decisión no se puede tomar arbitrariamente, sino que ha de basarse en unos criterios. Los criterios de decisión básicos para determinar qué estrategia y qué método de formación es el adecuado, son:

- La compatibilidad con los objetivos.
- Los principios generales del aprendizaje del adulto: individualización, motivación, utilidad, practicidad, intereses, etc.

- Los principios de rigor, realismo y participación.
- El carácter eminentemente aplicativo de los aprendizajes.
- La posibilidad de transferir los aprendizajes al puesto de trabajo.
- Los recursos disponibles, incluido el tiempo.
- Los factores relacionados con los participantes, como el estilo de aprendizaje, la edad, el tamaño del grupo, la motivación, etc.

Una vez escogido el método, se observa que ninguno es químicamente puro, sino que unos participan de otros. Por lo demás, todo método puede ser adecuado o inadecuado dependiendo del modo en que sea empleado.

Los formadores deben utilizar los métodos flexiblemente, de la forma que mejor se adapten al estilo de formación, a la materia y a los alumnos, complementando cada método con la técnica y recurso didáctico más acorde.

7. La selección y planificación de medios y recursos didácticos

Para realizar cualquier acción formativa, hace falta algo más que elegir y aplicar unos métodos y unas técnicas. Son necesarios los medios y recursos didácticos, que van a ayudar a desarrollar la metodología seleccionada en el aula. Los medios y recursos didácticos permiten el trasvase de información formador-alumno.

DEFINICIÓN

Medios didácticos

Son materiales elaborados para facilitar los procesos de enseñanza-aprendizaje.

Recursos didácticos

Son soportes mediante los cuales se presentan los contenidos del curso a los alumnos.

A la hora de escoger el medio o recurso a utilizar, se deben tener en cuenta los siguientes criterios:

- **Características de la materia o tema.** Dependiendo de la naturaleza de los contenidos, éstos pueden ser transmitidos por unos u otros métodos.
- **Los objetivos del curso.** Toda selección de medios y estrategias de enseñanza deben realizarse en función de éstos.
- **La disposición del aula y el número de alumnos.** Hay que tener cuidado, sobre todo en la visibilidad de alguno de los recursos, porque pueden perder eficacia.
- **Tiempo disponible para la formación.** Este elemento tiene que estar siempre presente, porque, en función del tiempo que se tenga, se elegirá lo que se adapte mejor a las necesidades.
- **Recursos disponibles,** ya que en algunas ocasiones están a nuestro alcance.
- **El uso que se haga de ellos,** cuál es la finalidad, qué es lo que se pretende y en qué momento se van a utilizar.
- **El nivel de conocimiento de los alumnos** sobre el tema.

Todos estos puntos se han de tener en cuenta a la hora de escoger un medio o recurso didáctico. La finalidad de éstos no es otra que la de fundamentar, apoyar y reforzar el acto formativo.

8. La planificación de la evaluación del proceso de enseñanza-aprendizaje

La aplicación de programas de formación lleva a la obtención de unos determinados resultados. Éstos serán los frutos de la formación y mostrarán el grado de eficacia y eficiencia con que se lleva a cabo la función formativa.

Los resultados indican el éxito de la formación mediante su contraste con los objetivos fijados anteriormente. Este procedimiento recibe el nombre de **evaluación,** proceso ampliamente conocido y con trascendencia reconocida para la formación. Según el proceso de evaluación aplicado, los resultados obtenidos serán reales y fiables, o bien, falseados.

Para que los resultados de la evaluación muestren con certeza el grado de éxito alcanzado con la formación, es necesario un requisito previo: el establecimiento de criterios de evaluación durante el proceso de planificación de la formación. Los criterios actúan como puntos de referencia, a partir de los cuales se valoran los resultados obtenidos.

Los criterios de evaluación han de fijarse con mucha atención, ya que determinan el proceso de evaluación, y éste juzga el grado de éxito de la función formativa.

El primer aspecto a tener en cuenta es la validez: los criterios de evaluación han de ser válidos en relación a los elementos del proceso formativo.

Los aspectos que determinan el grado de validez de los criterios de evaluación son:

- La relevancia.
- La no deficiencia.
- La no contaminación.
- Su fiabilidad.

El establecimiento de criterios válidos y fiables permitirá elaborar un proceso de evaluación de la formación que mida rigurosamente la eficacia y la eficiencia de la función formativa.

9. El seguimiento formativo

El seguimiento es un proceso continuo que sirve para evaluar la eficacia del uso de los recursos y para saber qué iniciativas se pueden emprender para mejorar el aprovechamiento de los recursos formativos.

El seguimiento, además de realizarse después de haber finalizado la planificación formativa, también se realiza antes de la acción.

9.1. Características

El seguimiento formativo permite evaluar los distintos componentes (desde los alumnos hasta todos los elementos que forman la programación) que intervienen en él durante todo el proceso de formación.

El seguimiento formativo se diferencia de la evaluación en que éste tiene que ver más con tareas organizativas, de coordinación, administrativas, etc.; sin embargo, la evaluación valora aspectos de los procesos de formación, como pueden ser la comunicación, el aprendizaje de los nuevos conocimientos, etc.

Con la realización adecuada de un seguimiento formativo:

- Se pueden **descubrir errores o desajustes** en el proceso de enseñanza-aprendizaje antes de que se realice la evaluación final para comprobarlos.
- Se pueden **corregir los errores** en el momento en el que se están produciendo.
- Además, **se detectan los aspectos positivos** que tienen lugar a lo largo de todo el proceso y las **posibles mejoras** que se pueden realizar.

El seguimiento formativo tiene que ser realizado por todas las personas que están implicadas en la realización de los cursos de formación (tutores, coordinadores, técnicos, etc.), por ello, el formador es una figura importante en el proceso de formación, ya que se encuentra implicado en él.

El proceso de formación debe estar planificado, pensado y planteado antes de que empiece la acción de formación, nunca debe llevarse a cabo de manera cerrada, sino que tiene que estar abierto a cualquier cambio que se considere necesario.

9.2. Finalidad

Son varias las finalidades que persigue el seguimiento formativo:

- Ayudar a comprender por qué ocurren algunas cosas y qué se puede hacer para intervenir en ese proceso que se está llevando a cabo.
- Identificar y solucionar los problemas que surgen a lo largo del proceso.
- Contribuir para elaborar planes de formación de manera objetiva, sin desviarse de la finalidad éste.
- Colaborar en la disminución y control del uso de los recursos materiales.
- Determinar el nivel que puede alcanzar el rendimiento y relacionarlo con el rendimiento actual.
- Diagnosticar y detectar problemas para llevar a cabo las acciones correctivas pertinentes.

9.3. Planificación

El seguimiento formativo debe planificarse antes y durante la acción formativa.

El objetivo de este seguimiento es comprobar la eficacia de la acción formativa antes de que ésta llegue a su fin, es decir, es necesario que durante este proceso todos los elementos que van a formar parte del aprendizaje estén planificados.

Los dos momentos que hay que tener en cuenta para planificar el seguimiento formativo son:

- **Antes de la acción formativa:** es necesario conocer las necesidades, el perfil del alumno, qué materiales, instrumentos, recursos, medios didácticos se van a usar.
- **Durante la acción formativa:** aquí el seguimiento se utiliza para comprobar los posibles errores y mejoras que se pueden llevar a cabo. Ofrece la posibilidad de poder modificar aquellas acciones o medios que dificultan el avance del aprendizaje.

10. Instrumentos para el seguimiento

A lo largo de un ciclo formativo pueden suceder errores y surgir problemas, esto abarca desde la identificación de necesidades hasta la planificación, el diseño, la implantación y la evaluación. Por todo esto, es importante saber cuál es la causa del problema y saber tomar las medidas oportunas para que no se origine nuevamente.

Para detectar el origen del problema, siempre se necesita una información determinada, ésta sólo se puede obtener mediante técnicas que ayuden a obtenerlas, es decir, que permitan recabar y analizar los datos obtenidos.

Para el seguimiento del proceso de enseñanza-aprendizaje, se pueden confeccionar diferentes tipos de instrumentos de evaluación, como pueden ser los cuestionarios y utilizar la observación directa, etc., si el tipo de formación lo permite (presencial o semipresencial). Estos instrumentos variarán según el tipo de datos que se quiera conseguir.

Un ejemplo de plantilla para recoger y analizar la información podría ser esta:

CURSO:		**1º Módulo**	**2º Módulo**	**3º Módulo**
Objetivos del módulo	Suficiente			
	Insuficiente			
	Adecuado			
	Inadecuado			
Contenidos del módulo	Suficiente			
	Insuficiente			
	Adecuado			
	Inadecuado			

Continúa en página siguiente >>

<< *Viene de página anterior*

CURSO:		**1º Módulo**	**2º Módulo**	**3º Módulo**
Metodología	Suficiente			
	Insuficiente			
	Adecuado			
	Inadecuado			
Actividades y recursos	Suficiente			
	Insuficiente			
	Adecuado			
	Inadecuado			
Recursos materiales	Suficiente			
	Insuficiente			
	Adecuado			
	Inadecuado			
Recursos humanos	Suficiente			
	Insuficiente			
	Adecuado			
	Inadecuado			
Proceso de evaluación	Suficiente			
	Insuficiente			
	Adecuado			
	Inadecuado			
Nivel de satisfacción del alumnado	Suficiente			
	Insuficiente			
	Adecuado			
	Inadecuado			

Para el seguimiento del aprendizaje, como la información que se obtiene es de diferente índole, se recogerá mediante la aplicación de las técnicas seleccionadas y elaboradas para la evaluación de cada uno de los aspectos planteados (observación directa de los trabajos, participación, cuestionarios acerca de la motivación y satisfacción del alumnado, etc.).

<< Viene de página anterior

Por ejemplo, los contenidos que se podrían incluir en la "parrilla" de análisis son los siguientes:

CURSO		1er Módulo	2º Módulo	3er Módulo
Conceptos (comprende los contenidos conceptuales)	Con facilidad			
	Con normalidad			
	Con dificultad			
Procedimientos (aplica y desarrolla los contenidos procedimentales)	Con facilidad			
	Con normalidad			
	Con dificultad			
Actitudes (manifiesta las actitudes adecuadas a los contenidos)	Con facilidad			
	Con normalidad			
	Con dificultad			
Motivación y participación	Con facilidad			
	Con normalidad			
	Con dificultad			
Satisfacción del alumno	Con facilidad			
	Con normalidad			
	Con dificultad			

Dos de las herramientas básicas son:

- **Los diagramas de flujo:** éstos sirven para desglosar en forma de componentes, para presentar una clara imagen de lo que ocurre.
- **Los checklists:** éstos son especialmente útiles para garantizar que se han realizado todas las acciones necesarias. Es otro método de ayuda orientado a los formadores y participantes para preparar, utilizar y solucionar los problemas del equipamiento.

Otros métodos de seguimiento y control que pueden ayudar en la formación son:

- Las reuniones formales e informales.
- Pasar un informe de las sesiones, cuestionarios de satisfacción o formularios de evaluación del curso.
- Entrevistas de evaluación.

RECUERDE

Algunos de los instrumentos de seguimiento más utilizados son:

- Cuestionario de satisfacción
- Cuestionario de motivación
- Observación directa
- Reuniones formales e informales
- Entrevistas de evaluación

11. Metodología de la evaluación del diseño de formación

Los métodos empleados en la evaluación siempre suelen son los mismos, independientemente de que se evalúen los objetivos, los contenidos, los recursos, etc. A pesar de esto, hay que tener en cuenta que no se deben utilizar todos los métodos que se van a nombrar, sino que todo dependerá de lo que se esté evaluando.

Los métodos más frecuentes son:

- Observación sistemática.
- Observación mediante observadores externos o internos del grupo.

- Análisis de trabajo.
- Entrevistas personales.
- Situaciones de simulaciones.
- Diálogos, debates.
- Cuestionarios específicos.
- Inventarios.
- Grabaciones en vídeo.
- Etc.

11.1. Evaluación de los objetivos

Cuando se diseña el programa formativo, se deben concretar los objetivos que serán objeto de evaluación al finalizar el curso, para comprobar si éstos se han alcanzado o no.

Los objetivos marcan aquellos aspectos claves que debe adquirir el alumno para alcanzar unas competencias determinadas. Éstos determinarán lo que el alumno será capaz de saber y saber hacer al acabar el curso, en unas condiciones dadas y con unos medios determinados.

Si, al finalizar el curso, se observa que los objetivos no se han cumplido en su totalidad, hay que analizar cuál ha sido la causa de este error y corregirlos. Si se han cumplido los objetivos, habrá que determinar los motivos de éxito, para volver a ponerlos en práctica en futuros cursos.

Los objetivos marcados al inicio de la formación sirven para:

- Dirigir la formación, es decir, saber hacia dónde se quiere llegar con ésta.
- Comprobar qué se ha logrado.
- Facilitar la evaluación, ya que se sabe cuáles son los objetivos que hay que evaluar.
- Reorientar la formación en el mismo momento que se está realizando.
- Elegir los métodos más adecuados para la formación.

La evaluación de los objetivos debe medirse atendiendo a:

- **Objetivos generales:** son utilizados para saber cuáles son las competencias generales.
- **Objetivos específicos:** parten de los objetivos generales.
- **Objetivos operativos:** son derivados de los específicos. Son objetivos más concretos y siempre deben estar relacionados con actividades u operaciones determinadas. Son los más fáciles de medir.

EJEMPLO

Objetivos específicos para evaluar un curso de primeros auxilios:

- Aprender los conceptos básicos y generales de los primeros auxilios.
- Adquirir las habilidades y aplicar los principios de actuación para poder reaccionar adecuadamente en situaciones de urgencia.
- Conocer los aspectos jurídicos relacionados.

11.2. Evaluación de los contenidos

La evaluación de los contenidos se realizará para comprobar si los objetivos que se habían marcado al principio de la formación se han logrado, así como para eliminar aquellos contenidos que no aportan nada al curso.

Se debe tener siempre en cuenta que se puede lograr un mismo objetivo de formación utilizando diversos contenidos.

Para evaluar los contenidos, hay que comprobar si se ha seguido una secuencia lógica a la hora de impartirlos. Esta secuencia permite que los contenidos sean adquiridos por los alumnos de una manera más significativa, es decir, facilita el aprendizaje de los mismos.

Para que la evaluación de los contenidos resulte positiva, éstos deben ir expuestos:

- De acuerdo con los objetivos propuestos y con los plazos previstos para conseguirlos.
- De lo conocido a lo desconocido.
- De lo inmediato a lo remoto.
- De lo concreto a lo abstracto.
- De lo fácil a lo difícil.

Otro aspecto a tener en cuenta para que la evaluación de los contenidos sea positiva, es que éstos se deben estructurar adecuadamente, por ejemplo, mediante módulos, unidades didácticas, etc. Éstas tienen que abarcar los conocimientos, las habilidades y las actitudes que capacitan al alumno para poner en práctica las funciones que desempeñará en su puesto de trabajo. Por lo general, se pueden constituir equivalencias entre objetivos generales y cursos, objetivos específicos y módulos, unidades didácticas, etc. así como entre objetivos operativos y sesión formativa,.

EJEMPLO

Siguiendo el ejemplo anterior de primeros auxilios, los contenidos que se evaluarán para comprobar si se han logrado o no los objetivos anteriormente propuestos, son:

- Primeros auxilios: conceptos generales.
- Soporte vital básico (reanimación cardio-pulmonar)-adultos.
- Soporte vital básico-niños.
- Soporte vital instrumental.
- Traumatismos osteoarticulares. Inmovilizaciones (vendajes y férulas improvisadas).
- Movilización de urgencia y posiciones de espera.
- Traumatismos craneales y vertebro-medulares.
- Otras situaciones de emergencia.

11.3. Evaluación de la metodología

La evaluación de la metodología consiste en comprobar que los métodos que se han utilizado son los adecuados para lograr los objetivos formativos, aunque éstos deben ser flexibles a la hora de utilizarlos, ya que deben adaptarse a la materia tratada, a los alumnos, a los recursos disponibles, etc.

Para conseguir que la evaluación de la metodología sea positiva, se deben tener en cuenta las características que se emplean para definir un método. Éstas pueden ser:

- Presentar y mostrar la problemática del tema para que, a través de la reflexión y el esfuerzo, el alumno pueda resolverla.
- Respetar tanto la libertad de expresión como de creación.
- Las actividades que están destinadas al alumno tienen que ser dirigidas por el formador para que el alumno reflexione y participe.
- Motivar al alumno, relacionando los temas con sus intereses, motivaciones y necesidades.
- Organizar los nuevos aprendizajes para que se integren con los ya adquiridos.
- Tener en cuenta las limitaciones y las posibilidades que tiene cada alumno.
- Dar lugar a la acción individualizada a través de tareas que requieran planteamientos y acciones individualizadas.

11.4. Evaluación de actividades y recursos

Las **actividades** son unos elementos que acompañan a los contenidos formativos, ya que éstas refuerzan los contenidos que son expuestos por el formador. Siempre debe existir coordinación entre ambos, para esto se deben seleccionar adecuadamente tanto los métodos como las técnicas.

Para evaluar las diversas actividades que se han desarrollado, hay que formular una serie de preguntas para saber si las actividades han sido eficaces o han fallado en su ejecución. Algunas de estas preguntas pueden ser:

- ¿Qué ha hecho el alumno?
- ¿Ha sabido aplicar los conocimientos necesarios para lograr resolver las actividades?
- ¿Valora y comprende la finalidad de la actividad?
- ¿Ha mostrado interés en la realización de la misma?
- ¿Qué ha aprendido?
- ¿Han sido válidas las actividades?
- ¿Cuáles han fallado? ¿Por qué?
- ¿Se han alcanzado los objetivos?
- Etc.

Junto con las actividades, los recursos también tienen que ser evaluados, ya que de ellos va a depender en cierta manera la eficacia de las actividades. Por eso, en la evaluación de los recursos hay que tener en cuenta la eficacia de aquellos que se han utilizado y cuáles son los que se hubieran necesitado para desarrollar el curso.

Se pueden distinguir varios criterios para evaluar la eficacia de los recursos:

- Su calidad, porque actúa como mediador entre la realidad y la estructura cognitiva del alumno.
- El contexto metodológico, ya que todo va a depender de la metodología usada por el formador.
- Los propios alumnos, sus motivaciones, intereses, etc.
- La experiencia del formador en el manejo de los diversos recursos, sus habilidades, etc.

También es necesario tener en cuenta qué evaluar de los recursos:

- La rentabilidad de éstos.
- El aprovechamiento para distintas finalidades.
- El mantenimiento.
- La actualización, deben adaptarse a las nuevas tecnologías.
- La adecuación al proceso de enseñanza-aprendizaje.
- Posibilitar la acción, estimular y responder a las curiosidades presentes en el alumnado.

11.5. Evaluación del formador

La figura del formador es muy importante a lo largo de todo el proceso formativo, ya que, en cierta manera, el éxito o el fracaso de la formación recae sobre él, por lo tanto, es imprescindible conocer previamente a la persona que va a impartir un curso.

El formador es el mediador entre los contenidos y los alumnos, por lo que debe evaluarse de forma continua y a lo largo de todo el proceso de enseñanza-aprendizaje, así como al final del proceso, momento en que se comprobará si los métodos y estrategias que ha diseñado y utilizado han sido los adecuados, introduciendo posibles modificaciones para las prácticas futuras.

La evaluación del formador se puede realizar desde varias vertientes, en cada una de ellas se evalúan aspectos diferentes, pero todas persiguen el mismo fin, que es fomentar la calidad de la formación.

Evaluación realizada por los alumnos

Los alumnos pueden evaluar aspectos como la relación del formador con los alumnos, la organización de las sesiones, el control de clase, la efectividad de la enseñanza, etc.

En la siguiente tabla se muestra un cuestionario a modo de ejemplo:

Marque la opción que más se adecúe a las características que prevalecieron a lo largo del curso
1. Las oportunidades que tuve para realizar preguntas en clase fueron: a. Frecuentes b. Regulares c. Escasas d. Muy escasas

Continúa en página siguiente >>

<< Viene de página anterior

Marque la opción que más se adecúe a las características que prevalecieron a lo largo del curso

2. El interés que mostró el formador respecto a los alumnos fue:
    a. Satisfactorio
    b. Regular
    c. Poco
    d. Muy pobre

3. El clima existente en el aula fue:
    a. Bueno
    b. Regular
    c. Tenso
    d. Malo

4. En la prueba final se evaluaban los contenidos dados a lo largo del curso:
    a. Sí
    b. No

5. El material presentado en el curso fue:
    a. Original
    b. Poco original
    c. Nada original

6. Las actividades que realicé para asimilar los contenidos fueron:
    a. Útiles
    b. Regulares
    c. Pobres
    d. Inútiles

7. El contenido marcado para el curso se expuso en su totalidad:
    a. Sí
    b. No

8. El grupo de alumnos afectó a mi aprendizaje:
    a. De manera positiva
    b. De manera negativa
    c. No me afectó

9. El material audiovisual me pareció:
    a. Atractivo
    b. Regular
    c. Inadecuado

Continúa en página siguiente >>

<< Viene de página anterior

Marque la opción que más se adecúe a las características que prevalecieron a lo largo del curso

10. Los procesos, problemas y soluciones experimentados en el trabajo en
grupo fueron:
    a. Bien planteados
    b. Regular planteados
    c. Mal planteados

11. Las exposiciones por parte del docente me parecieron:
    a. Buenas
    b. Regulares
    c. Malas

12. La actuación del profesor durante el curso evidenció:
    a. Un elevado conocimiento de la materia
    b. Un mediano conocimiento
    c. Un escaso conocimiento

13. El profesor supo controlar las conductas perturbadoras sucedidas a lo largo del curso de forma:
    a. Eficaz
    b. Regular
    c. Ineficaz

14. El ritmo que siguió el profesor al exponer los contenidos me pareció:
    a. Muy bueno
    b. Satisfactorio
    c. Monótono

15. La secuencia de presentación de los contenidos del curso fue:
    a. Lógica
    b. Regular
    c. Arbitraria

16. La actuación del profesor despertó interés y motivación:
    a. Muchas veces
    b. Algunas veces
    c. Pocas veces
    d. Ninguna vez

Evaluación realizada por el propio formador

En esta evaluación, el formador va a evaluar la preparación del curso, el desarrollo del mismo, y también realizará una evaluación propia de su actuación como formador.

En la siguiente tabla se muestra un cuestionario a modo de ejemplo:

Marque la opción que más se adecúe a las características que prevalecieron a lo largo del curso

A. PREPARACIÓN DEL CURSO

1. ¿Cómo ha sido el tiempo con el que ha contado?
   a. Suficiente
   b. Insuficiente

   ¿Por qué? ______________________________

2. ¿Cómo considera la distribución de las sesiones del curso?
   a. Adecuadas
   b. Inadecuadas

   ¿Por qué? ______________________________

3. ¿Ha dispuesto de las guías didácticas del curso?
   a. Sí
   b. No

   ¿Por qué? ______________________________

4. ¿Ha dispuesto de los recursos necesarios para la preparación de sus sesiones?
   a. Sí
   b. No

   ¿Cuáles le han hecho falta? ______________________________

5. Teniendo en cuenta su nivel de formación, ¿ha necesitado apoyo por parte de la dirección del curso?
   a. Sí
   b. No

   ¿Cómo ha sido el apoyo? ______________________________

Continúa en página siguiente >>

<< Viene de página anterior

Marque la opción que más se adecúe a las características que prevalecieron a lo largo del curso

B. DESARROLLO DEL CURSO

6. ¿El desarrollo de las sesiones (distribución y tiempo) se ha correspondido con la planificación prevista?
   a. Sí
   b. No

7. ¿La metodología utilizada para el desarrollo de las sesiones ha propiciado la participación e implicación del alumnado?
   a. Sí
   b. No

   ¿Por qué? ____________________

8. ¿Considera que el clima del curso ha sido el adecuado?
   a. Sí
   b. No

   ¿Por qué? ____________________

9. ¿El contexto donde se ha desarrollado el curso ha sido adecuado y oportuno?
   a. Sí
   b. No

   ¿Por qué? ____________________

10. ¿Ha conseguido los objetivos propuestos?
    a. Sí
    b. No

    ¿Por qué? ____________________

C. AUTOEVALUACIÓN

11. Evalúe de 1 a 4 los siguientes apartados relacionados con su intervención como formador, donde:
    1. Considero imprescindible mejorar mi formación en este aspecto.
    2. Considero necesario mejorar mi formación en este aspecto.
    3. Cuento con recursos necesarios para el desarrollo ajustado del curso, pero podría encontrar dificultades si éste cambia el rumbo prefijado.
    4. Mi formación al respecto es adecuada y dispongo de recursos suficientes para el desarrollo óptimo del curso.

Continúa en página siguiente >>

<< Viene de página anterior

Marque la opción que más se adecúe a las características que prevalecieron a lo largo del curso

	1	2	3	4
Dominio de los contenidos				
Metodología/didáctica empleada				
Comunicación con el alumnado				
Trabajo en equipo				

D. AMPLIACIÓN

Puede anotar a continuación cualquier aportación que desee realizar y no haya sido considerada en este cuestionario.

____

____

11.6. Tipos de evaluación

Existen diferentes tipos de evaluación, cada una se aplicará atendiendo a diferentes criterios.

Según su finalidad o función de la evaluación

Diagnóstica

Esta evaluación, como su nombre indica, tiene un carácter diagnóstico, ya que permite que se conozcan las potencialidades del alumno. De esta manera, la actividad didáctica se dirige de forma más efectiva.

Formativa

Se utiliza como estrategia para mejorar y ajustar los procesos formativos en el momento que se están llevando a cabo, para alcanzar las metas y los objetivos marcados. La evaluación formativa es aplicable a la evaluación de procesos.

Sumativa

Se aplica a la evaluación de productos terminados, es decir, se sitúa concretamente cuando finaliza un proceso, cuando éste se considera acabado. Su propósito es determinar el grado en que se han conseguido los objetivos establecidos, para evaluar de forma positiva o negativa el resultado. Esta evaluación permite tomar medidas tanto a medio como a largo plazo.

Según el momento de aplicación de la evaluación

Inicial

Se produce al principio del proceso de enseñanza-aprendizaje. La función que tiene la evaluación inicial es identificar el nivel de conocimientos que tienen los alumnos que inician un curso y, de esta manera, comprobar si los alumnos cuentan con los conocimientos necesarios para comenzarlo, y determinar si es posible impartirlo de acuerdo al programa formativo o si se requiere alguna modificación.

Procesual

La evaluación procesual se basa en valorar, de forma continua, el aprendizaje de los alumnos y la enseñanza del profesor, a través de la recogida sistemática de datos, toma de decisiones, etc.

La evaluación procesual es totalmente formativa, ya que, al favorecer la recogida continua de datos, permite tomar decisiones en el mismo momento que se considere necesario.

Los resultados que se obtienen forman la base permanente para el formador a la hora de programar las actividades diarias, así como para establecer las actividades y los procedimientos más apropiados. De esta manera, se evitan las dificultades que se puedan producir en los aprendizajes que se están llevando a cabo. La finalidad de todo esto es evitar errores y vacíos en los aprendizajes posteriores.

Final

La evaluación final es aquella que se realiza al finalizar la formación, por lo tanto ésta recoge y valora los resultados obtenidos a lo largo de un periodo formativo.

Según su extensión

Global

Tiene en cuenta todos los elementos y procesos que guardan relación con todo lo que es objeto de evaluación. Por ejemplo, si se trata de evaluar el proceso de aprendizaje de los alumnos, esta evaluación se centra en todas las áreas en general, pero sobre todo en los diversos tipos de contenidos de enseñanza (conceptos, procedimientos, valores, normas, etc.).

Parcial

Esta evaluación no se realiza de manera global, sino que se lleva a cabo por partes, es decir, evalúa los componentes que más interesan.

Según los agentes que realizan la evaluación

Autoevaluación o evaluación interna

Es el proceso sistemático mediante el cual una persona o grupo examina y valora sus procedimientos, comportamientos y resultados, para identificar qué quiere corregir o modificar en él. La evaluación interna muestra que los alumnos están más motivados a la hora de realizar una tarea difícil. La puesta en práctica de la autoevaluación no conlleva que el profesorado abandone sus funciones, sino que implica una concepción diferente de la enseñanza.

La autoevaluación ofrece al estudiante ayuda para descubrir sus necesidades, cantidad y calidad de su aprendizaje, causas de sus problemas, dificultades y éxitos en el estudio. De esta manera, el alumno puede conocerse de manera más concreta.

Heteroevaluación o evaluación externa

La evaluación externa es realizada o llevada a cabo por otra persona que no es el protagonista del aprendizaje. En esta evaluación, lo más frecuente es que el profesor evalúe al alumno.

TIPOS DE EVALUACIÓN	
Según su finalidad o función	- Diagnóstica - Formativa - Sumativa
Según su momento de aplicación	- Inicial - Procesual - Final
Según su extensión	- Global - Parcial
Según los agentes que la realizan	- Autoevaluación o evaluación interna - Heteroevaluación o evaluación externa

Bloque 2

Solucionarios de ejercicios de repaso y autoevaluación

Contenido

Solucionario 1

Técnicas de servicio de alimentos y bebidas en barra y mesa

Solucionario Capítulo 1

1. Ordene los siguientes puestos de trabajo según sea su orden de importancia con números del 1 al 5.

1. Encargado.
2. Barman.
3. Camarero de barra.
4. Ayudante de bar.
5. Aprendiz de bar.

2. La *Mise en place* del bar-cafetería consiste en...

a. ... el apagado de cafetera y molinillos en cafetería.
b. ... la limpieza de baños y cocina al finalizar el servicio.
c. ... las operaciones necesarias para la puesta a punto del bar-cafetería antes del servicio.
d. ... las operaciones necesarias para el abastecimiento de bebidas en el bar-cafetería.

3. Relacione los siguientes elementos según lo que establece la normativa higiénico-sanitaria de un bar.

a. Zona de barra.
b. Cocina.
c. Almacén.
d. Zona de uso público.

c. Guardar productos sin refrigeración.
a. Vitrinas expositoras frías.
d. Letreros de prohibido fumar.
a, b. Cubos de basura con pedal.

4. **Señale la opción correcta.**

   a. **FIFO significa First In-First Out.**
   b. La hoja de pedido sirve para verificar con los albaranes solo las cantidades en la mercancía solicitada.
   c. La cafetera se debe encender con diez horas de antelación a su funcionamiento.
   d. El papel de aluminio es apto para microondas.

5. **Complete la siguiente oración.**

Un bar o café bar es un **establecimiento** atendido por un **barman,** donde se sirven **bebidas** que se consumen de inmediato tanto en barra (principalmente) como en mesa. Se permite servir tapas, **bocadillos,** raciones y similares, siempre que su consumo se realice en las mismas condiciones que el de las bebidas y no implique la actividad de **restauración.**

6. **¿En qué partes se divide la *mise en place?***

En planificación, realización y supervisión.

7. **¿Cómo se repasa la vajilla?**

Después de lavada, debe ser repasada con un paño húmedo para quitar posibles restos minerales y debe ser guardada y organizada en estanterías y mesa caliente.

8. **¿Qué es un termo de leche?**

Es un depósito de acero inoxidable de forma cilíndrica, mantiene la leche caliente mediante un termostato, y se puede regular su temperatura.

9. **El molinillo de café está compuesto por...**

   a. ... tolva y regulador de muelas de molturación.
   b. ... depósito contenedor de café y palanca o dosificador de café.
   c. ... interruptor de encendido y apagado.
   d. **Todas las opciones son correctas.**

10. ¿Cuál es el Real Decreto que regula las normas higiénico sanitario?

a. **Real Decreto 3484/2000.**
b. Real Decreto 3484/2010.
c. Real Decreto 3484/2005.
d. Real Decreto 3485/2000.

Solucionario Capítulo 2

1. **Señale la opción incorrecta.**

   a. Atender a la clientela teniendo en cuenta el orden de llegada de estos.
   b. Se debe usar posavasos al servir una bebida.
   c. Hay que acompañar siempre al cliente a la puerta cuando se marche.
   d. Con una bebida en la barra es frecuente el uso de frutos secos, canapés, etc.

2. **¿Qué tipo de manteles se usan en las mesas de un bar-cafetería?**

   Las mesas pueden estar vestidas con mantel de tela, sets o paños de tela o papel, o simplemente utilizando el tablero de la mesa que previamente se habrá limpiado con una bayeta destinada exclusivamente a ese fin.

3. **Una comanda es...**

   a. ... una mesa auxiliar donde realizar el servicio de bebidas en el bar.
   b. ... la cuenta o factura que se le entrega al cliente.
   c. ... un vale donde se reflejan por escrito los deseos de los clientes.
   d. ... un tipo de bandeja de bar.

4. **Relacione los siguientes elementos.**

   a. Expresso.
   b. Capuccino.
   c. Irlandés.
   d. Americano.

   c. Café solo con *whisky* y nata.
   d. Café solo con jarrita de agua.
   a. Café solo.
   b. Café con espuma de leche.

5. **Complete la siguiente oración.**

En lo referente al servicio, la mayor parte de las **infusiones** se sirven dentro de una tetera con agua **caliente** que se dejará reposar por un mínimo de **tres** minutos. Se acompañará de una **jarrita** de agua caliente para rebajar el contenido y **leche** fría en el caso del té inglés.

6. **Enumere las combinaciones más frecuentes de un *whisky* en el bar.**

Whisky cola, soda, ginger ale, sprite o seven up, naranja, agua y malta con hielo.

7. **De las siguientes frases, indique cuál es verdadera o falsa.**

a. La ginebra puede servirse en copa balón al igual que el ron.

☑ **Verdadero**
☐ Falso

b. El vodka se sirve en vaso *on the rocks.*

☐ Verdadero
☑ **Falso**

c. Los zumos naturales de naranja siempre deben ser colados.

☐ Verdadero
☑ **Falso**

d. Los batidos se acompañan de pajitas.

☑ **Verdadero**
☐ Falso

8. **Nombre los elementos principales de la estación central.**

La coctelera, el vaso mezclador completo, sal y pimienta, biteros, pajeros, puntillas, palillero, salsas (perrin,s, tabasco, angostura), etc.

9. Los cócteles pueden clasificarse como...

a. ... aperitivos, digestivos, de postre, de cualquier momento y sin alcohol.
b. ... aperitivos, digestivos, nutritivos, de cualquier momento y sin alcohol.
c. ... tradicionales, especiales, aperitivos y de sobremesa.
d. ... aperitivos, refrescantes, con más de tres bebidas y sin alcohol.

10. Complete el siguiente cuadro.

Nombre	**BLOODY MARY**
Herramienta	Vaso mezclador
Ingredientes	¼ de vodka ¾ zumo de tomate Jugo ½ limón Gotas de tabasco y perrin's Sal de apio y pimienta
Vaso o copa	*Long drink*
Decoración	Limón y apio

Solucionario Capítulo 3

1. **¿Cuándo dará un hombre dos besos a una mujer en restauración?**

   Cuando sea la mujer quien tome la iniciativa o en el caso de que en otros momentos de hayan saludado de esa manera.

2. **¿Qué es la empatía?**

   La empatía es una capacidad humana que permite que unas personas puedan ponerse en el lugar de otras y viceversa.

3. **¿Cómo deben ser los zapatos del personal de servicio?**

   a. Blancos y descubiertos.
   b. De cordones.
   c. De tacón alto.
   d. Cómodos, elegantes y limpios.

4. **La suma de la calidad y el servicio obtienen como resultado...**

   a. ... la confianza y satisfacción del cliente.
   b. ... la insatisfacción del cliente.
   c. ... la empatía del cliente.
   d. ... el respeto del cliente.

5. **Complete las siguientes oraciones.**

   a. Calidad es la totalidad de **funciones** y características de un **producto** que determinan la capacidad para satisfacer las necesidades de un **grupo** de usuarios.

b. Servicio es la actividad en la que se busca **responder** a las necesidades de un **cliente.**

6. De las siguientes frases, indique cuál es verdadera o falsa.

a. Algunos de los objetivos de la calidad del servicio son el conocimiento de los diferentes tipos de cliente.

☐ Verdadero
☑ **Falso**

b. Algunos de los objetivos de la calidad del servicio son que el cliente vuelva y hable bien del establecimiento.

☑ **Verdadero**
☐ Falso

c. Algunos de los objetivos de la calidad del servicio son escuchar las sugerencias de los clientes.

☐ Verdadero
☑ **Falso**

d. Algunos de los objetivos de la calidad del servicio son despertar la curiosidad del cliente.

☑ **Verdadero**
☐ Falso

7. ¿Por qué los clientes dejan de serlo en un mayor porcentaje?

a. Por consejos de amigos.
b. Insatisfechos crónicos.
c. Porque no se atienden sus necesidades y peticiones.
d. Por causas desconocidas.

8. Relacione los siguientes elementos.

a. Cliente lento.
b. Cliente dominante.
c. Cliente reservado.
d. Cliente impulsivo.

c. Distante y tímido.
d. Cambios de opinión, no piensa.
a. Tarda mucho en decidirse.
b. Siempre quiere llevar la razón.

9. ¿Cuándo se producen las quejas?

Una queja se produce cuando las expectativas del cliente no han sido cubiertas o cuando se percibe un error en el servicio que se le presta.

10. ¿Cuántas copias tiene la hoja de reclamaciones?

a. Una.
b. Dos.
c. Tres.
d. Cuatro.

Solucionario Capítulo 4

1. El sistema de comunicación más importante es...

a. ... Internet.
b. ... la televisión.
c. ... el lenguaje.
d. ... el teléfono.

2. En la comunicación verbal se debe...

a. ... usar un tono de voz agradable.
b. ... ser pesado y monótono.
c. ... usar tecnicismos.
d. Todas las opciones son incorrectas.

3. ¿Con qué está relacionada la comunicación verbal?

Con los sentimientos, estados de ánimo y actitudes personales.

4. Relacione los siguientes elementos.

a. Morderse las uñas.
b. Taparse la boca.
c. Apoyar el pulgar en la barbilla.
d. Apretar los dientes.

d. Desafío.
b. Mentir.
a. Nervios.
c. Estar pensativo.

5. **¿Qué se puede interpretar por meterse las manos en los bolsillos?**

   Dejadez e incluso de chulería.

6. **Complete la siguiente oración.**

   La **mirada** puede ser: de negocios, la franja comprendida entre los ojos y la frente; mirada social, entre los **ojos** y la boca; y la mirada íntima que comprende la franja situada entre los **ojos** y el **pecho**, pudiendo llegar a recorrer prácticamente todo el **cuerpo.**

7. **Señale la opción correcta.**

   a. En la antigüedad no se debía sonreír en público.
   b. La sonrisa no se acompaña de fórmulas de cortesía.
   c. Con un cliente, se evitará la risa a carcajadas.
   d. Se usará la sonrisa incluso ante una queja.

8. **Nombre los datos principales de un cliente que se deben anotar en el libro de reservas.**

   Destacan el nombre y apellidos de la persona que realiza la reserva, día y hora de la reserva, número de personas y número de teléfono.

9. **El secreto de una buena comunicación telefónica se encuentra en...**

   a. ... la escucha activa.
   b. ... el lenguaje, vocabulario y voz.
   c. ... la empatía y rapidez de atención.
   d. Todas las opciones son correctas.

10. **¿Por qué pueden ser provocadas las barreras de la comunicación?**

    Por el entorno, el emisor y el receptor.

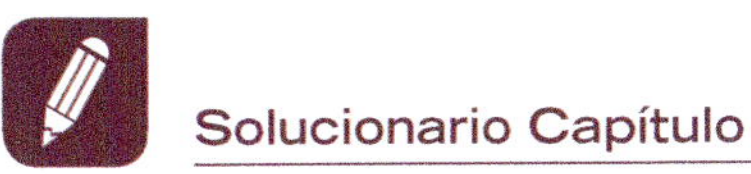

Solucionario Capítulo 5

1. **¿Cuáles son los elementos claves en el proceso de venta?**

   Personal, producto y cliente.

2. **Entre los requisitos del personal destacan...**

   a. ... la buena presencia.
   b. ... tratar a los clientes por igual.
   c. ... ser discreto y educado.
   d. Todas las opciones son correctas.

3. **De los siguientes grupos de adjetivos, señale los correctos para sugerir una comida.**

   a. Insípido, quemado y podrido.
   b. Fresco, delicioso y natural.
   c. Tierno, esponjoso, jugoso.
   d. Cremoso, aromático y mullido.

4. **Para realizar la venta sugestiva de una bebida, se deben conocer...**

   a. ... la marca, elaboración y precio.
   b. ... el origen, ingredientes y sabor.
   c. ... presentación, marca y graduación.
   d. Todas las opciones son correctas.

5. **Complete la siguiente oración.**

   Para obtener mayores beneficios es muy apropiado que los **vendedores** conozcan los precios de compra y los **beneficios** que se pueden obtener con las **bebidas**, los **postres**, etc. De esta manera, se sabrá qué productos son los más **adecuados**, a utilizar para hacer un **cóctel** y obtener así más rentabilidad.

6. ¿Qué componentes se analizarán en el lenguaje no verbal?

- Tono de voz amable que invite a la confianza del cliente.
- Saludo (dar correctamente la mano o dos besos en la mejilla si es el cliente quien lo hace).
- Posturas que indiquen profesionalidad (cuerpo firme), evitando tener las manos en los bolsillos, apoyarse en la barra o un taburete mientras se habla con un cliente/a, rascarse la cabeza o alguna otra parte del cuerpo, etc.
- Gesticulación discreta, esto se traduce en el uso adecuado de las manos.
- Mantener un buen contacto visual, ya que mirar a los ojos ofrece seguridad en uno mismo y el cliente se sentirá así mas confiado.
- Sonreír siempre que se pueda; la primera toma de contacto en cualquier proceso de venta es primordial, y la sonrisa ayuda mucho a romper el hielo. Las sonrisas por lo general suelen ser devueltas.
- Mantener el entusiasmo incluso si la venta no se ha producido.

7. ¿En qué momento se le debe ofrecer al cliente una segunda bebida?

Se le debe ofrecer antes que se acabe la que ya tiene servida.

8. ¿Cuáles son los perfiles de clientes más comunes?

1. Clientes cordiales y divertidos: son los más fáciles, puesto que se suelen comportar así cuando están a gusto y eso significa que ya se ha hecho bien una parte del trabajo. Aceptan bien lo que se les ofrece en cada momento.
2. Clientes tímidos: serían el polo opuesto de los anteriores, ya que son los que muestran una mayor inaccesibilidad. No suelen mirar a la cara y resulta complicado saber cuando todo está a su agrado debido a su inexpresividad.

9. El *upselling* es...

a. ... añadir complementos adicionales al producto elegido.
b. ... vender lo más caro que hay en la carta de un bar.
c. ... la persona experta en ventas.
d. ... vender una versión más cara del producto que ha elegido el cliente.

10. Enumere las fases de la venta.

Preventa, venta y postventa.

Solucionario Capítulo 6

1. **¿Qué se debe hacer cuando un cliente pide la cuenta?**

   a. Invitarlo a una copa.
   b. Entregarla a la mayor brevedad.
   c. Hacerlo esperar para que siga consumiendo.

2. **¿De qué se compone una caja registradora?**

   Cajón, teclado y rollo de papel.

3. **¿Qué significa TPV?**

   a. Total de productos vendidos.
   b. Tienda proveedora de vajillas.
   c. Terminal Pista de Venta.
   d. Terminal Punto de Venta.

4. **¿Cuál es el sistema de cobro más usado en Bares y Cafeterías?**

   Al contado, debido a que son pequeñas cantidades.

5. **¿Qué se debe colocar en un lugar visible del establecimiento para el cobro de facturas?**

   a. Una carta con los precios de las bebidas.
   b. Las diferentes tarjetas de crédito que se aceptan en el establecimiento.
   c. Las hojas de arqueo de caja.
   d. Cartel de prohibido fumar.

6. **Complete el siguiente cuadro sobre las ventajas e inconvenientes de las tarjetas de crédito.**

Ventajas	Inconvenientes
Facilidad para pagar	Menor control de gasto
Ocupa poco espacio	Olvidar el PIN
Problemas de manejo de dinero	Banda magnética errónea
Pago a crédito	No tener ingresos suficientes

7. **¿Cuáles son los datos básicos de una factura?**

Datos fiscales del establecimiento, datos fiscales del cliente, datos del servicio, IVA y total de la factura.

8. **¿A qué hace referencia la siguiente frase? "No solo es justificante de pago, sino que también es justificante fiscal, ya que es el único modo de poder realizar la deducción del IVA con posterioridad".**

A la factura.

9. **¿Para qué se realiza la consulta de caja?**

a. Para saber el dinero que hay en la caja.
b. Para saber el dinero que había en la caja inicialmente.
c. **Para conocer las ventas realizadas hasta el momento de la consulta.**

10. **El arqueo de caja se realiza...**

a. **... al iniciar la caja (se sabe lo que se tiene en caja) y al final.**
b. ... solo al iniciar la caja.
c. ... al cerrar la caja.

Solucionario Capítulo 7

1. **Señale las tareas propias del cierre del Bar cafetería.**

    a. **Limpiar la cafetera.**
    b. **Reposición de materiales.**
    c. Llamar a los proveedores por teléfono.
    d. **Reponer las cámaras.**

2. **¿De qué color son los contenedores utilizados para el vidrio?**

    Verdes.

3. **¿Con qué se limpian los timbres o botelleros?**

    Con una bayeta, jabón y agua caliente.

4. **El inventario es...**

    a. ... la relación de las bebidas principales de un bar.
    b. **... un método de control de existencias, donde aparece la relación de materiales, géneros, mobiliario y equipos de un establecimiento.**
    c. ... un método de reposición de cámaras.
    d. Todas las opciones son correctas.

5. **Complete la siguiente oración.**

    La **limpieza** es un factor que los clientes valoran muchísimo y que es carta de presentación de un **establecimiento.** La primera **impresión** ofrecerá un tipo de imagen positiva o **negativa** al cliente.

6. **¿Qué se limpia principalmente en un bar-cafetería?**

    El local, el mobiliario y los equipos.

7. **¿Cuándo se realiza la limpieza de un bar-cafetería?**

La limpieza del bar se realiza normalmente al finalizar el servicio o antes de que comience el siguiente y, dependiendo como siempre del tipo de establecimiento, será realizada por unas u otras personas.

8. **¿Cuáles son los aspectos importantes en la limpieza del local?**

Los aspectos importantes en la limpieza del local son:

- Barrer o aspirar y fregar todo el suelo con los productos apropiados, dependiendo del tipo de suelo.
- Limpieza de paredes y techos (telarañas), con cierta periodicidad.
- Baños limpios y perfectamente equipados con jabón y papel seca manos.

9. **¿Cuáles son los aspectos importantes en la limpieza de los equipos de bar-cafetería?**

Los aspectos importantes en la limpieza de los equipos del bar-cafetería son:

- Limpieza de la máquina de zumos.
- Limpieza de la cafetera, sus partes y los molinillos.
- Limpieza de las cámaras. Se deben repasar a diario, pero su limpieza se hará semanal o quincenalmente.
- Limpieza de las vitrinas expositoras.

10. **En algunos partes de averías pueden aparecer unos recuadros para que los operarios de mantenimiento puedan hacer sus anotaciones acerca de la reparación con los datos de**

    a. ... fecha de terminación y visto bueno de la reparación por el servicio de mantenimiento.
    b. ... nombre de la persona que lo ha reparado.
    c. ... tiempo invertido y coste de la reparación.
    d. Todas las opciones son correctas.

Solucionario 2

Bebidas

Solucionario Capítulo 1

1. **Se consideran materiales auxiliares de un bar:**

   a. **Los elementos y útiles o herramientas de la coctelería, servicio de vinos y servicio de mesas, etc.**
   b. Al menaje, destacando la vajilla, cristalería, cubertería y mantelería.
   c. Los elementos destinados al acomodo del cliente, como son taburetes, mesas, etc.
   d. Los destinados a la molienda y servicio del café principalmente.

2. **Una central de coctelería tiene entre sus elementos...**

   a. ... sacacorchos, jarrita y tetera, pudiendo ser sustituida por un bitero.
   b. ... petit menaje, acompañado de comandero y servilletero.
   c. **... bitero, vaso mezclador completo, coctelera, colador, etc.**
   d. ... todo lo necesario para las diferentes catas de vinos.

3. **Indique cuáles de las siguientes afirmaciones son verdaderas o falsas.**

   a. El tenedor y cuchillo trinchero serán utilizados para el servicio de sándwiches, tapas, etc.

      ☐ Verdadero
      ☑ **Falso**

   b. Para el servicio de café solo se utilizará la cucharilla de café con leche.

      ☐ Verdadero
      ☑ **Falso**

   c. El típico vaso de *whisky*, es el tumbler. Perfecto para las bebidas de tamaño mediano.

      ☑ **Verdadero**
      ☐ Falso

d. Los *Afterwork* son establecimientos destinados al descanso del personal.

☐ Verdadero
☑ **Falso**

4. Indique si son verdaderas o falsas las siguientes afirmaciones:

a. La formación del personal será una de las premisas a tener presente en torno a la persecución de la calidad.

☑ **Verdadero**
☐ Falso

b. Evitar la contaminación de los productos, así como aplicar una correcta rotación de stock son principios básicos a imponer en el servicio de bar-cafetería.

☑ **Verdadero**
☐ Falso

c. El Reglamento 852/2004 impone las medidas relativas en torno a la higiene de los productos alimentarios, siendo un referente a tener presente.

☑ **Verdadero**
☐ Falso

5. Enumere las partes de una copa.

1. Peana	2. Fuste	3. Cuerpo de la copa

Solucionario Capítulo 2

1. **A la hora de complementar una bebida, se deberán utilizar...**

    a. ... géneros baratos, recomendando productos no estacionales.
    b. ... productos o materias primas de primera calidad.
    c. ... zumos naturales como en el Cóctel Bellini.
    d. ... hielo pilé que enfriará más lentamente la mezcla.

2. **¿Qué factor interviene de forma marcada en la utilización de la naranja con respecto a los demás cítricos?**

    a. El aprovechamiento de su cáscara.
    b. Su bajo precio y no estacionalidad.
    c. Su agradable sabor, tanto servida sola como incorporada a otras elaboraciones.
    d. No poseer albedo.

3. **En la elaboración del cóctel *Whisky Crusta,* se utiliza:**

    a. Bourbon, zumo de lima, azúcar y pepinillo.
    b. Zumo de naranja, bourbon y guinda.
    c. Guinda, bourbon, zumo de lima y sirope de azúcar.
    d. Bourbon, champán brut y puré de melocotón.

4. **Enumere los ingredientes del *Bloody Mary.***

1. Zumo de tomate
2. Vodka
3. Tabasco
4. Salsa inglesa
5. Zumo limón
6. Apio Rallado

5. **Sopa de letras. Busque los diferentes tipos de hielo atendiendo a su formato. A continuación descríbalo.**

T	**C**	O	R	V	C	I
H	A	**U**	S	Q	A	P
R	**E**	**L**	**B**	**B**	**O**	**C**
O	**D**	**A**	**C**	**I**	**P**	S
J	Y	E	A	R	**T**	L
M	**B**	**A**	**R**	**R**	**A**	**O**

BARRA. Utilizado como elemento decorativo.

CUBITO. Utilizado para enfriar bebidas largas.

PICADO. Enfría rápido, pero no aporta calidad.

COBBLER. Hielo picado de gran calidad. Conocido como hielo granizo.

Solucionario Capítulo 3

1. **El equipo de bar-cafetería está provisto tanto por...**

    a. **... un buen equipo humano como físico, donde se incluye la maquinaria.**
    b. ... un buen barman que preparará los cócteles como una buena clientela.
    c. ... un buen centro de coctelería como por un buen grifo de cerveza, principalmente.
    d. ... una buena clientela como unos proveedores poco eficaces.

2. **Enumere las partes principales de un molinillo de café.**

Tolva
Muelas de molturación
Depósito de café molido
Prensa
Bandejita

3. **Según algunos de los cafeteros más prestigiosos, un café expreso perfecto se elabora en...**

    a. **... 22 segundos.**
    b. ... 35 segundos.
    c. ... 1 minuto.
    d. ... 5 segundos.

4. ¿Qué utensilio o parte de la cafetera exprés suministra vapor de agua, calentando líquidos rápidamente?

a. Salida de agua caliente.
b. Tolva.
c. Vaporizador.
d. Termostato.

5. La licuadora tiene como misión principal...

a. ... confeccionar batidos, montar nata o mezclar helados.
b. ... recoger el café que se derrame o pierda durante el prensado del cacillo.
c. ... informar sobre la cantidad de agua de la que dispone la cafetera y señalar el mínimo y máximo de líquido.
d. ... licuar frutas y vegetales, separando el líquido de la piel, semillas u otras partes sólidas.

6. Algunos tipos de cafetera son, entre otras...

a. ... melita y cona.
b. ... émbolo
c. ... exprés.
d. Todas las opciones son correctas.

7. Sopa de Letras. Busque 5 maquinarias utilizadas en el bar-cafetería. Describa alguno de los rasgos más importantes de cada una de ellas.

E	Q	C	**C**	P	M	Q	C	A	R	O	L
Y	F	Q	K	**A**	I	A	D	B	E	E	Z
T	E	H	H	A	**F**	V	S	Z	B	C	G
M	Q	I	**B**	**O**	**T**	**E**	**L**	**L**	**E**	**R**	**O**
L	U	E	N	L	A	Q	**T**	L	Q	A	J
A	L	I	M	A	T	E	**T**	**E**	**R**	**M**	**O**
E	**X**	**P**	**R**	**I**	**M**	**I**	**D**	**O**	**R**	W	P
L	**A**	**V**	**A**	**V**	**A**	**J**	**I**	**L**	**L**	**A**	**S**

CAFETERA. Trabaja con temperaturas de agua de entre 95 y 100 ºC. Dará prestigio al establecimiento. Suele estar provista de: vaporizador, manómetro de presión, salida de agua caliente, etc.

BOTELLERO. Permite mantener la bebida fría. Agiliza el trabajo por su fácil acceso y situación.

EXPRIMIDOR. Permite exprimir frutas. Puede ser eléctrico o manual.

LAVAVAJILLAS. Permite lavar y desinfectar la vajilla. Facilita el trabajo.

TERMO. Permite tener la leche caliente. Provisto de termostato, permite conocer la temperatura del líquido interior.

Solucionario Capítulo 4

1. **Elija la respuesta correcta. ¿Cuáles de las siguientes marcas presentadas son marcas de aperitivos?**

   a. Fernet Blanca, Campari, Cynar.
   b. Angostura, Boorekamp, Chivas.
   c. Boorekamp, Martín, Orange Bíter.
   d. Anís, Tía María, Campari.

2. **¿Qué es una cerveza Ale?**

   a. Es una cerveza con fermentación baja.
   b. Es una cerveza que tiene una fermentación alta.
   c. Es una cerveza que tiene una fermentación espontánea.
   d. Es una cerveza con fermentación alta y baja.

3. **Un café carajillo se caracteriza por llevar...**

   a. ... café solo y ginebra.
   b. ... café solo y ron.
   c. ... café solo y licor de menta.
   d. ... café solo y *brandy*.

4. **La cata de bebidas lleva un orden:**

   a. Fase olfativa, fase visual y fase gustativa.
   b. Fase gustativa, fase olfativa y fase visual.
   c. Fase visual, fase gustativa, fase visual.
   d. Fase visual, fase olfativa y fase gustativa.

5. **Una infusión de roibbos...**

a. ... tiene teína.
b. ... no tiene teína.
c. ... en ocasiones lleva teína.
d. Ninguna opción es correcta.

6. **Relacione las siguientes marcas de cerveza con su nacionalidad correspondiente.**

a. Irlanda.
b. Dinamarca.
c. España.
d. México.
e. Holanda.
f. Bélgica.
g. Francia.

c. Alhambra.
b. Tuborg.
a. Murphy.
g. Fischer.
d. Coronita.
e. Heineken.
f. Judas.

Solucionario Capítulo 5

1. **El *whisky* es una bebida destilada obtenida de...**

   a. ... cereales como cebada, maíz, etc.
   b. ... tubérculos como patata, remolacha, etc.
   c. ... aguardientes de mostos de uva.
   d. ... licores amargos adicionados de caña de azúcar.

2. **Enumere algunas marcas de *Whisky bourbon.***

Jim Beam
Hill Turkey
Four Roses
Markers Mark

3. **El ron se puede clasificar en blanco, dorado o viejo, principalmente. ¿Cuál es de mayor calidad?**

   a. El viejo siempre que sea industrial.
   b. El blanco, dorado o viejo, siempre que sea agrícola.
   c. El blanco, dorado o viejo, siempre que sea industrial.
   d. Todos tienen la misma calidad.

4. **¿Qué bebida se caracteriza por la adición de bayas de enebro?**

   a. El ron.
   b. El *brandy.*
   c. La ginebra.
   d. El vodka.

5. ¿Qué cristalería es usada de forma tradicional para el servicio de vodka?

a. Vaso *on the rock.*
b. Vaso stopka.
c. Vaso orac.
d. Vaso atsoca.

6. Relacione cada bebida con una de sus características.

a. Brandy del Penedés.
b. Cognac.
c. Pisco.
d. Arzente.
e. Carlos I Imperial.

d. Brandy italiano.
e. Marca Brandy de Jerez Solera Gran Reserva.
a. Utiliza uva Macabeo, Xarello y Parellada.
b. Destilado en la región de Chareute.
c. Aguardiente de vino elaborado en Perú, Chile, etc.

7. ¿A qué temperatura debe servirse el vodka?

a. Entre 6 y 8 ºC.
b. Entre 10 y 12 ºC.
c. A 3 ºC.
d. A 9 ºC.

Solucionario Capítulo 6

1. **La coctelera clásica esta compuesta por:**

    a. Vaso, colador y tapón.
    b. Vaso metálico y cristal y gusanillo.
    c. Colador, agitador y tapón.
    d. Vaso medidor y tapadera.

2. **Defina el concepto de bitero o gotero.**

    Pequeños frascos de cristal con cuello fino y largo que terminan en un tapón con un pequeño orificio del cual saldrán gotas para aromatizar diferentes cócteles.

3. **El tipo de cristalería más idóneo para el servicio de un cóctel Manhattan es...**

    a. ... el vaso *on the rock.*
    b. ... la copa de flauta.
    c. ... la copa cóctel.
    d. ... el vaso *collins.*

4. **¿Por qué se caracteriza el tipo de vaso *toddy?***

    a. Por presentar una manija y resistir altas temperaturas.
    b. Por ser utilizado como vaso mezclador.
    c. Por ser opaco y tener peana robusta.
    d. Por tener la misma capacidad que una copa de licor o crema.

5. **Relacione las siguientes series de coctelería con su característica.**

a. *Cobbler.*
b. *Collins.*
c. *Cooler.*
d. *Crustas.*
e. *Cups.*
f. *Fancies.*
g. *Flips.*
h. *Toddies.*

h. Conocido como ponche.
g. Tiene como ingrediente básico la yema de huevo y el azúcar.
f. No están regidos por receta.
e. Maceración de fruta en vino.
d. Escarchado de azúcar.
c. Adicionado de *Ginger-ale.*
b. Tiene base de zumo y soda.
a. Tiene como ingrediente principal la fruta.

Solucionario Capítulo 7

1. **La carta de bebidas se elabora teniendo en cuenta...**

   a. ... la armonía.
   b. ... localización.
   c. ... tipo de oferta que se quiere ofrecer.
   d. Todas opciones son correctas.

2. **¿Cuál es el principal objetivo de un bar-cafetería?**

   a. Obtener grandes beneficios, cueste lo que cueste.
   b. La satisfacción del cliente.
   c. Servir bebidas alcohólicas.
   d. Presentar productos bajos en alcohol.

3. **Enumere dos cócteles de origen nacional y dos cócteles de origen internacional.**

NACIONAL	INTERNACIONAL
Palomita	*Whisky Crusta*
Sol y Sombra	Alexander

4. **Enumere algunas de las razones por las que actualmente se utilizan cartas reducidas.**

Facilitar al cliente su elección.
Acortar el tiempo de toma de la comanda.
Economías de escala en compras, equipamiento.
Reducción del número de artículos en almacén.
Facilitar la *mise en place.*

5. **El tercer principio de Omnes establece que ...**

   a. ... el precio más bajo no debe ser mayor de 2,5 veces más que el precio más alto.
   b. ... los precios ofrecidos se deben dividir en bajos, medios y altos.
   c. ... el precio medio solicitado entre el precio medio ofertado debe estar entre 0,9 y 1.
   d. ... las sugerencias se deben hacer sobre artículos comprendidos en la gama media.

6. **Relacione los siguientes modelos de cartas con su imagen correspondiente. Posteriormente, descríbalas.**

   a. Carta clásica.
   b. Carta minimalista.
   c. Carta temática.

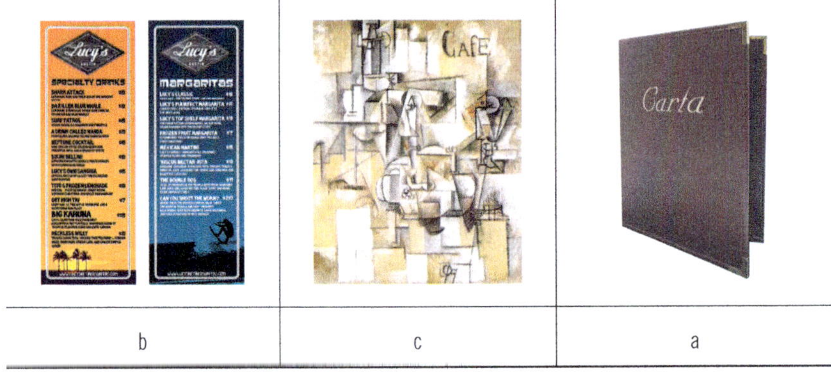

- Cartas clásicas. Estas cartas son muy habituales en los establecimientos; suelen ser muy simples y algunas están plastificadas o los paneles son de piel para evitar su deterioro.
- Cartas modernas y minimalistas. Suelen llamar mucho la atención debido a sus ilustraciones y colores, suelen ser cartas un poco más caras a causa de su diseño.
- Cartas temáticas. Este tipo de carta está diseñada dependiendo de la temática del bar, suele tener la misma armonía que el establecimiento y son muy originales.

Solucionario 3

Servicio de vinos

Ejercicios de autoevaluación Unidad de Aprendizaje 1

1. **¿Cuáles de las siguientes zonas eran, durante la dominación romana, conocidas como productoras de vino?**

    a. Andalucía.
    b. Valencia.
    c. Ceuta.
    d. Canarias.

2. **¿En qué siglo y quién descubrió el *champagne*?**

    a. En el siglo XX, el general Charles de Gaulle.
    b. En el siglo XVII, el Rey Felipe II.
    c. En el siglo XVIII, el monje Don Perignon.
    d. En el siglo XX, Karlos Arguiñano.

3. **Relaciona cada D. O. con su comunidad autónoma.**

    a. 1
    b. 4
    c. 2
    d. 3

4. **¿Cuál de las siguientes respuestas coincide con la elaboración de los vinos rosados?**

    a. Se macera el vino con los hollejos y el mosto durante unas horas.
    b. Se quitan los hollejos y se añade colorante.
    c. Se deja el vino blanco reposar y se añade vino tinto.
    d. Se mezclan vinos blancos con vinos tintos.

5. **¿Qué produce en la uva lo que se llama envero?**

    a. La caída de la uva al suelo.
    b. La uva se abre y se caen las pepitas.

c. Las uvas engordan tanto que explotan.
d. Las uvas empiezan el cambio de color.

6. Identifica cuál de los siguientes ácidos se encuentran en mayor proporción en el mosto.

a. Málico.
b. Tartárico.
c. Cítrico.
d. Succínico.

7. ¿Cuál de los siguientes tipos de vino tiene mayor proporción de azúcar?

a. Vino tinto.
b. Vinos generosos.
c. Vinos licorosos.
d. Vinos dulces naturales.

8. Ordena las fases de elaboración del vino blanco.

1. Recepción y estrujado.
2. Escurrido.
3. Prensado.
4. Fermentación alcohólica.
5. Trasiego y clarificación.

9. Identifica cuál de los siguientes tipos de vinos se consideran generosos.

a. Fino.
b. Manzanilla.
c. Cava.
d. Tinto.

10. ¿Cómo se denomina al vino verde que tiene demasiada acidez?

a. Abocado.
b. Agrillo.
c. Ácido.
d. Áspero.

Ejercicios de autoevaluación Unidad de Aprendizaje 2

1. **Para un buen servicio, los vinos tienen que...**

    a. ... estar tapados con una manta.
    b. ... colocarse en la barra del restaurante.
    c. ... estar perfectamente almacenados y conservados.
    d. .. estar muy fríos.

2. **¿Cuáles son los servicios posibles con la cestilla?**

    a. Servicio a la americana.
    b. Servicio de noche.
    c. Servicio a la francesa.
    d. Servicio a copa sacada y directamente.

3. **¿Cuál de estas profesiones tiene que ver con el vino?**

    a. Topógrafo.
    b. Sumiller.
    c. Marmitón.
    d. Jefe de partida.

4. **¿Cómo se llaman los armarios refrigerados para vinos?**

    a. Armario ropero.
    b. Arcón congelador.
    c. Botellero.
    d. Cava.

5. **Determina si las siguientes frases son verdaderas o falsas.**

    a. Si un cliente demanda una botella de la que existen pocas unidades en bodega, es conveniente informarlo sobre ello.

    - **Verdadero**
    - Falso

b. Los vinos blancos se sirven después de los tintos.

- Verdadero
- **Falso**

6. ¿Cuáles son las partes del descorche de vinos espumosos?

a. Presentación, descapsulado, descorche, corcho en plato.
b. Lavado, descorchado, limpieza y servicio.
c. Transporte, descorchado, limpieza y guarda.
d. Descapsulado, limpieza, guarda y servicio.

7. Si se habla de vinos espumosos, ¿qué es el bozal?

a. Una tira de cuero que va en el cuello de la botella.
b. Un adorno de la botella.
c. El alambre o grapa que sujeta el tapón de la botella.
d. El alambre para transportar el cava.

8. El objetivo de la decantación es:

a. Enseñar al cliente que el vino está de color rojo.
b. Liberar al vino de las impurezas.
c. Enfriar el vino.
d. Hacer una especie de ceremonia o ritual.

9. Las botellas de Jerez son de color...

a. ... rojo.
b. ... verde.
c. ... negro.
d. De varios colores.

10. Escribe las capacidades de los siguientes tamaños de botellas:

Nombre	Capacidad
Mágnum	1,5 litros
Jeroban	3 litros
Rehoboam	4,5 litros
Matusalem	6 litros
Salmanasar	9 litros
Baltasar	12 litros
Nabucodonosor	15 litros

Ejercicios de autoevaluación Unidad de Aprendizaje 3

1. ¿Cuál es la definición de cata?

a. Es la apreciación de los distintos matices de un vino, buscando los defectos y olores a ratón.
b. La cata son las distintas labores que se le hacen al vino antes de llegar al mercado.
c. Es la apreciación, mediante los sentidos de la vista, el gusto y el olfato, de las cualidades de un vino.
d. La cata es la definición de un cúmulo de situaciones en que el vino supera un examen para salir al mercado.

2. Coloca los siguientes colores en el vino al que se correspondan (blanco, rosado, tinto).

BLANCO	ROSADO	TINTO
Amarillo verdoso Amarillo paja Ámbar Amarillo oro o dorado Oro viejo	Rosa Rosa anaranjado Rosa ámbar Grosella Piel de cebolla Ojo de perdiz	Rojo rubí Granate Rojo cerveza Rojo violeta Bermellón Rojo teja Rojo pardo

3. ¿Qué son los aromas primarios?

a. Son los aromas que se embotellan primero con el vino.
b. Son los aromas que salen al principio de servir el vino.
c. Son los aromas que desprende el corcho.
d. Son los aromas que proceden de la uva directamente.

4. ¿Qué sentidos intervienen directamente en la cata?

a. El sentido común.
b. El sentido del olfato, el gusto y la vista.
c. El sentido de la circulación.
d. El sentido del tacto.

5. Para almacenar las copas lo mejor es:

a. Debajo del fregadero.
b. En un armario cerrado.
c. En la despensa.
d. En el garaje.

6. El orden de los vinos en la cata debe ser:

a. Empezando por los menos alcohólicos y terminando por los más alcohólicos, de los secos a los dulces.
b. Empezando por los gran reserva y terminando con los blancos.
c. Empezando con los vinos de Oporto y terminando por los vinos de Jerez.
d. Empezando por los tintos y terminando con los blancos de Jerez.

7. ¿Qué se utiliza en la catas para apuntar las puntuaciones?

a. Lápices de colores.
b. La ficha de cata.
c. La ficha de los vinos.
d. El cuaderno del catador.

8. ¿Cuál es el tiempo ideal de duración de una cata?

a. 1 hora.
b. 7 horas.
c. 3 horas.
d. 12 horas.

9. ¿Qué serie aromática identifica olores a cloro, sulfuros, farmacia, etc.?

a. Serie vegetal.
b. Serie química.
c. Serie especiada.
d. Serie balsámica.

10. Cuando un vino posee un gusto azucarado se dice que posee carácter...

a. ... salificado.
b. ... vinoso.
c. ... glicerinado.
d. ... pastoso.

Ejercicios de autoevaluación
Unidad de Aprendizaje 4

1. **Identifica cuál de las siguientes enfermedades es aeróbica.**

   a. Picado láctico.
   b. Enfermedad de ahilado.
   c. Enfermedad del amargor.
   d. Picado acético.

2. **Un exceso de humedad produce en las botellas...**

   a. ... etiquetas despegadas.
   b. ... botellas húmedas.
   c. ... botellas con suciedad.
   d. ... se borran las etiquetas.

3. **En las bodegas las botellas deben estar...**

   a. ... en el suelo.
   b. ... inclinadas con el tapón húmedo.
   c. ... sobre un calentador.
   d. ... envueltas en papel de aluminio.

4. **¿Qué características hay que tener en cuenta para la construcción de una bodega?**

   a. Las ventanas, las escaleras y el suelo.
   b. La profundidad, la humedad y el clima exterior.
   c. Las tuberías, la instalación eléctrica y el ascensor.
   d. La temperatura, la humedad, los olores, la iluminación y las vibraciones.

5. **El comprador debe persuadir al proveedor de que...**

   a. ... el proveedor acepte sus propuestas.
   b. ... debe tener exclusividad con el negocio.
   c. ... le deje el vino por debajo del costo.
   d. ... tiene que ir todos los días.

6. ¿Cuál es el punto débil del cierre de la botella?

a. El tapón.
b. La cápsula.
c. La etiqueta.
d. El ambiente donde se embotella.

7. Cuál de estas actitudes es un error en la negociación?

a. Ir vestido inadecuadamente.
b. Dejarse llevar emocionalmente.
c. Negociar por la mañana.
d. Negociar en la calle.

8. Explica qué es la cava del día.

La bodeguilla o cava del día es donde se encuentran los vinos necesarios para prestar un buen servicio al cliente sin dar innecesarios viajes a la bodega principal. Debe estar surtida de todos los vinos que se reflejan en la carta, exceptuando algunos vinos con una guarda complicada o relativamente delicada y que necesiten un esmerado reposo.

9. Para extraer vinos de la bodega, normalmente se hace un documento que se llama...

a. ... documento de identificación.
b. ... vale de pedido.
c. ... vale de cambio.
d. ... vale de confirmación.

10. Para el control informático de la bodega o almacén se utiliza...

a. ... papel y lápiz.
b. ... hojas de cálculo o base de datos.
c. ... un sistema de control de entrada y salida.
d. ... simplemente un cuaderno.

Ejercicios de autoevaluación Unidad de Aprendizaje 5

1. **Identifica qué frase define mejor la carta de vinos.**

   a. La carta es la expresión escrita y ordenada de los vinos.
   b. La carta es el documento que se le envía por correo al cliente.
   c. Es una lista de vinos blancos.
   d. Es el reflejo de todos los vinos que se han tenido en el restaurante a lo largo del tiempo.

2. **¿Qué ocurre si una carta está mal elaborada o redactada?**

   a. Que no sirve.
   b. El cliente se puede reír.
   c. El cliente no se informa adecuadamente.
   d. Denota una falta de profesionalidad y ofrece una mala imagen de la empresa.

3. **¿Qué personal del establecimiento debe participar en la elaboración de la carta de vinos?**

   a. El jefe de cocina y los jefes de partida.
   b. El sumiller y los marmitones.
   c. El director y su secretario.
   d. El sumiller, el *maître* y el jefe de cocina.

4. **¿Cuál de estas opciones no es recomendable que aparezca en una carta de vinos?**

   a. Las añadas de los vinos.
   b. Una descripción organoléptica de los vinos.
   c. La denominación de origen de los vinos.
   d. Las marcas comerciales.

5. Explica las características de la carta de reservas.

Se trata de una pequeña carta con productos extraídos de gran calidad o destacados. Estos vinos pueden estar incluidos o no en la carta base.

La correcta utilización de esta carta permite renovar el *stock* de grandes cosechas que, por las deficiencias de conservación y manipulación, suelen estar en un estado un tanto precario.

6. Para realizar el diseño de la carta de vinos es recomendable consultar a un...

a. ... enólogo.
b. ... jefe de partida.
c. ... diseñador gráfico.
d. ... sumiller.

7. Para sugerir un vino a un cliente hay que tener en cuenta...

a. ... los ingredientes y elementos que marcan la personalidad de un plato.
b. ... la cantidad de guarnición que se sirve.
c. ... los colores de las servilletas.
d. ... la cantidad de clientes que hay en el restaurante.

8. Una forma de llamar la atención de los clientes sobre un vino es:

a. Regalando botellas del vino en cuestión.
b. Publicitarlo y maridarlo con platos estrella.
c. Poniendo muchas cajas del vino en la puerta.
d. Llenando las mesas de botellas.

9. El precio de venta se debe ajustar en base a...

a. ... la cantidad de clientes.
b. ... el color de los vinos.
c. ... la calidad del servicio, cristalería, vajilla, etcétera.
d. ... la gran bodega que se tenga.

10. El profesional encargado del vino en el restaurante es:

a. El bodeguero.
b. El jefe de sala.
c. El dueño.
d. El sumiller.

Ejercicios de autoevaluación
Unidad de Aprendizaje 6

1. **En el siguiente cuadro, expón qué vinos maridan bien con los siguientes manjares, señalando B para bien y M para mal.**

	Blanco joven	Rosado	Tinto joven	Tinto crianza	Reserva	Gran reserva	Cava	Dulce
Aperitivos		B	M	M	M	M	B	M
Embutidos	M	B	B	M	B	B	B	M
Pescados	B	B	M	M	M	M	B	M
Caza	M	M	M	B	B	B	M	M
Quesos curados	M	M	B	B	B	B	B	M
Foie	M	M	B	M	M	M	B	B
Chocolate	M	M	M	M	M	M	M	M

2. **Clasifica los siguientes conceptos relacionados con: principales elementos de un plato o principales elementos de un vino.**

Elementos principales de un plato	Elementos principales de un vino
Salseado o aderezo Tipo de cocción Color y presentación Sabor y textura Producto - materia prima	Color: gama, intensidad Sabor: índice de azúcar, acidez, cuerpo, volumen Aroma: intensidad, potencia y gama aromática

3. Indica qué materias primas armonizan con los vinos correspondientes.

Los vinos blancos armonizan mejor con: **Carnes blancas, menudillos, aves, pescados, etc.**

Los vinos tintos ligeros armonizan mejor con: **Ternera, cordero lechal, aves o caza de pluma, etc.**

Los vinos tintos de gran energía armonizan mejor con: **Las carnes rojas de buey, cordero, etc., y las carnes negras de caza mayor, paloma torcaz, becada, ciervo, etc.**

4. Marida el menú degustación con los siguientes vinos:

APERITIVOS

Pulpo a la gallega con mojama
Steak tartar

Vino: *Pedro Ximénez*

ENTRADAS

Ajoblanco con uvas moscatel y piñones

Vino: *Blanco seco de rueda*

PESCADOS

Lomo de bacalao, cebolla confitada y setas

Vino: *Tinto joven roble*

CARNE

Lomo de conejo en su jugo,
adobo de patatas y fritura de puerros

Vino: *Tinto crianza*

POSTRES

Pastel príncipe de chocolate y mango

Vino: *Dulce añejo*

5. Las cualidades refrescantes de los vinos blancos son ideales para acompañar...

a. ... un guiso de rabo de toro.
b. ... ternera picante con setas y bambú.
c. ... perdices en escabeche.
d. ... caviar.

6. ¿Qué platos de pescado maridarían con un vino tinto joven?

a. Fritura de pescado.
b. Lubina a la sal.
c. Caldereta de pescado.
d. Rosada a la plancha.

7. ¿Qué vinos son los ideales para los pescados a la parrilla?

a. Dulces y de licor.
b. Tintos crianza y reserva.
c. Gran reserva.
d. Blancos aromáticos y secos.

8. Los vinos licorosos maridan bien con...

a. ... la pasta al ajo.
b. ... el chuletón de buey a la parrilla.
c. ... los quesos de pasta azul.
d. ... el lomo de bacalao.

9. La intensidad gustativa del vino debe ir en relación a...

a. ... la intensidad gustativa del plato.
b. ... la intensidad de aromas del plato.
c. ... la intensidad de la salsa del plato.
d. ... la intensidad de los distintos tipos de pan.

10. El caviar se puede maridar con...

a. ... cava o champán.
b. ... tintos jóvenes y blancos secos.
c. ... tintos jóvenes y cerveza.
d. ... gran reserva y vinos de aguja.

Ejercicios de autoevaluación Unidad de Aprendizaje 7

1. **¿Qué es el lenguaje?**

   El lenguaje es el elemento que nos permite el desarrollo de la comunicación verbal, basándose en las palabras y sus significados.

2. **Identifica cuáles de los siguientes aspectos han de llevarse a cabo para una correcta comunicación verbal.**

   a. Se construirán frases recargadas para que el cliente aprecie la cultura del sumiller.
   b. Se adaptará el vocabulario al nivel de cada cliente.
   c. Se tuteará a los clientes para generar un clima de confianza.
   d. Hay que intentar ser siempre positivo.

3. **Identifica cuál de los siguientes clientes es dominante y orgulloso.**

   a. Cliente discreto.
   b. Cliente indeciso.
   c. Cliente vanidoso.
   d. Cliente violento.

4. **Explica las características del cliente dominante.**

   Suele ser exigente y caprichoso. Realiza comentarios negativos sobre lo que acontece a su alrededor y suele querer siempre acaparar la atención. Se quiere sentir observado y siempre intentará demostrar que tiene la razón. A este tipo de clientes no se le debe dar un exceso de confianza y siempre que se entable conversación con él hay que medir mucho las palabras, pues un malentendido puede desencadenar un fracaso en el servicio.

5. **Explica las características del cliente locuaz.**

   Este cliente es el hablador y charlatán, e intentará monopolizar nuestro tiempo contándonos cualquier cosa. No nos dejará despegarnos de su lado. Hay que intentar no resultar descortés, haciéndole ver que tenemos trabajo y que debemos atender a otros clientes. Eso sí, siempre que tengamos tiempo procuraremos acompañarle.

6. **¿Por cuáles de los siguientes aspectos suelen preguntar con más frecuencia los clientes en el servicio de vinos?**

   a. **Precios.**
   b. **Tipos de productos ofrecidos.**
   c. **Tipos de servicio.**
   d. Elaboración de algún plato de la carta.

7. **Determina cuáles de las siguientes acciones se consideran positivas a la hora de resolver quejas o reclamaciones.**

   a. No hacer de un problema algo personal.
   b. **Demostrar interés y deseo de ayudar.**
   c. **Asegurarse de que el cliente lo ha entendido todo y no tiene ninguna duda.**
   d. Llevar la contraria al cliente cuando veamos que no tiene razón.

8. **¿En qué consiste la venta sugestiva?**

   Consiste en acercar las ventas al cliente a través de una frase o pregunta, la cual deberá estar enfocada a evitar un no como respuesta y a obtener un sí.

9. **Determina si las siguientes frases son verdaderas o falsas.**

   a. Contactar asiduamente con el cliente se considera una actuación adecuada por parte del restaurante, ya que el cliente entablará una relación de amistad con los empleados.

      - Verdadero
      - **Falso**

b. Se considera una actuación correcta para el restaurante ofrecer productos con precios competitivos sin considerar la calidad de los mismos.

- Verdadero
- **Falso**

Solucionario 4

Elaboración y exposición de comidas en el bar-cafetería

Solucionario Capítulo 1

1. **Seleccione si las siguientes afirmaciones son verdaderas o falsas:**

   a. Dentro de las hortalizas, el puerro se clasifica en el subgrupo de los tallos y pecíolos foliares.

      ☐ Verdadero
      ☑ **Falso**

   b. Las legumbres destacan por su alto contenido en proteínas, además de ser ricas en minerales y vitaminas.

      ☑ **Verdadero**
      ☐ Falso

   c. Los huevos que se encuentran en los supermercados se clasifican en categoría A, categoría B y categoría C.

      ☐ Verdadero
      ☑ **Falso**

   d. Los pescados magros son muy nutritivos y tienen un alto contenido en omega-3.

      ☐ Verdadero
      ☑ **Falso**

   e. La juliana es un tipo de corte de las hortalizas que da como resultado tiras finas y alargadas.

      ☑ **Verdadero**
      ☐ Falso

2. **El confitado es un método de cocción consistente en...**

    a. ... introducir los alimentos en un líquido en ebullición.
    b. ... cocinar los alimentos en aceite a alta temperatura, quedando dorados por fuera y jugosos por dentro.
    c. ... cocinar los alimentos en su propia grasa o en otra grasa añadida a baja temperatura.
    d. ... marcar los alimentos en la plancha para después terminarlos de cocinar en el horno al vapor.

3. **De las siguientes opciones, elija cuál de ellas no es una característica de las bolsas para envasar los alimentos al vacío.**

    a. Son termorresistentes.
    b. Son de material impermeable.
    c. No deben ceder componentes ni aromas.
    d. Deben ser de plástico transparente sin dibujos.

4. **La regeneración es el proceso de...**

    a. ... cocinar al vacío los alimentos.
    b. ... descongelar o llevar un alimento a temperatura de consumo.
    c. ... conservación de los alimentos que están estropeándose para prolongar su vida.
    d. ... descongelar un producto ultracongelado.

5. **La función de compras de un establecimiento tendrá en cuenta, entre otros factores...**

    a. ... la calidad de los productos, la estacionalidad y los precios de mi competencia.
    b. ... la calidad de los productos, la capacidad de negociación con los proveedores y la elasticidad cruzada.
    c. ... la competencia entre los proveedores, la calidad de los productos y la normativa.
    d. ... la estacionalidad, los precios de mi competencia y el mercado de valores.

6. ¿Para qué se realiza el escandallo de un producto?

   a. Para calcular el precio del producto limpio de desperdicios.
   b. Para calcular el precio de venta de un plato.
   c. Para calcular las mermas de un producto.
   d. Para determinar la calidad de los productos.

7. De entre los siguientes criterios de calidad de los pescados, señale cuál de ellos no es correcto:

   a. Ojos brillantes, transparentes, cóncavos, ocupando toda la cavidad ocular.
   b. Branquias brillantes y de color rojo o rosa.
   c. Carne firme y de color blanco o rosa.
   d. Olor ligero y fresco.

8. ¿Cuál es la finalidad de una hoja de coste o escandallo de un plato?

   a. Calcular el precio de un producto limpio de desperdicios.
   b. Calcular el precio de venta de un plato a partir del coste y del margen de beneficio.
   c. Tener la receta detallada de un plato.
   d. Calcular las mermas de un plato.

Solucionario Capítulo 2

1. **Seleccione si las siguientes afirmaciones son verdaderas o falsas:**

   a. El desayuno continental contiene entre sus elementos café, zumo, bollería, pan tostado, mermeladas y cereales.

   ☐ Verdadero
   ☑ **Falso**

   b. El aperitivo no es la bebida que se sirve antes de una comida para ir abriendo el apetito, sino el alimento que acompaña a esa bebida.

   ☐ Verdadero
   ☑ **Falso**

   c. Las tartaletas se realizan con masa quebrada y pueden ser elaboraciones dulces o saladas.

   ☑ **Verdadero**
   ☐ Falso

   d. La palabra sándwich proviene del inglés y nace en los años 60 con los cambios sociales y los nuevos horarios de trabajo que obligan a comer fuera de casa.

   ☐ Verdadero
   ☑ **Falso**

   e. Para presentar el sándwich de dos pisos se le dará un corte diagonal para servirlo en dos mitades.

   ☐ Verdadero
   ☑ **Falso**

2. **Responda a las siguientes cuestiones señalando la alternativa que considere correcta. En cada caso solo una de las respuestas es correcta. La palabra 'dressing' es sinónimo de...**

   a. ... espumadera.
   b. ... aliño.
   c. ... farsa.
   d. ... fondo.

3. **La 'mise en place' es un término referido a todas las operaciones de puesta a punto previas a la apertura de un establecimiento en el departamento...**

   a. ... de comedor o sala.
   b. ... de comedor y bares.
   c. ... de cocina y sala.
   d. ... de cocina, sala y bares.

4. **La salsa de las patatas bravas contiene...**

   a. ... tomate, tabasco, guindillas, aceite y sal.
   b. ... tomate, mahonesa, tabasco, vinagre y sal.
   c. ... tomate, tabasco, guindillas, vinagre, sal y aceite.
   d. ... tomate, tabasco, vinagre, sal y aceite.

5. **¿Cuáles son los ingredientes principales de la 'ensalada César', según la receta de Cesare Cardini?**

   a. Lechuga, picatostes y queso.
   b. Lechuga, picatostes, queso y pollo.
   c. Lechuga, picatostes, queso, pollo y anchoas.
   d. Lechuga, picatostes, queso, pollo, bacón y anchoas.

6. **En la elaboración del tiramisú...**

   a. ... se bañan los bizcochos con café y *whisky*.
   b. ... se utiliza un bizcocho de soletilla como base.
   c. ... se utiliza nata para realizar una crema con huevos y azúcar.
   d. ... es imprescindible la utilización de queso italiano mascarpone.

Solucionario Capítulo 3

1. **Seleccione si las siguientes afirmaciones son verdaderas o falsas:**

   a. La refrigeración es uno de los tratamientos de conservación tradicionales.

   ☐ Verdadero
   ☑ **Falso**

   b. Cuando nos referimos a pasteurización en general, lo estamos haciendo refiriéndonos al método HTST.

   ☑ **Verdadero**
   ☐ Falso

   c. En el tratamiento U.H.T. de la leche normalmente no se superan los 100 °C de temperatura, ya que podría subir y formarse nata.

   ☐ Verdadero
   ☑ **Falso**

   d. Con la congelación se elimina completamente todos los microorganismos patógenos presentes en los alimentos.

   ☐ Verdadero
   ☑ **Falso**

   e. La congelación se realiza normalmente con aspersión de nitrógeno líquido mezclado con aire.

   ☑ **Verdadero**
   ☐ Falso

2. **La sublimación es el proceso...**

   a. ... de evaporación del agua que se produce en la desecación.
   b. ... de congelación a muy baja temperatura y en un corto tiempo.
   c. ... de evaporación del hielo que se produce en la liofilización.
   d. ... de deshidratación en hornos de desecación.

3. **De los siguientes métodos o técnicas, elija cuál de ellos no es un método de conservación por adición de especias.**

   a. El escaldado.
   b. El escabechado.
   c. El adobado.
   d. El encurtido.

4. **En el proceso de irradiación de utilizan...**

   a. ... radiaciones gamma, electrones acelerados y rayos ultravioletas.
   b. ... radiaciones gamma, electrones acelerados y microondas.
   c. ... Rayos X, electrones acelerados y radiaciones gamma.
   d. ... Rayos X, radiaciones gamma y neutrones de uranio.

5. **Para el envasado al vacío es necesario...**

   a. ... una máquina envasadora de vacío, bolsas herméticas alimentarias y un Roner.
   b. ... una máquina envasadora de vacío, bolsas de plástico y una cámara de frío.
   c. ... una máquina envasadora de vacío que pueda modificar la atmósfera del envase y bolsas herméticas.
   d. ... una máquina envasadora de vacío y bolsas herméticas e impermeables de plástico alimentario.

6. ¿Cuáles son los alimentos de cuarta gama?

a. Son las verduras y las hortalizas ya cortadas y envasadas en bolsas al vacío listas para utilizar.
b. Son los alimentos congelados y ultracongelados.
c. Son los platos preelaborados envasados al vacío o en atmósferas modificadas y pasteurizados.
d. Son las frutas y hortalizas limpias, cortadas y envasadas al vacío o en atmósferas modificadas, listas para su uso o consumo.

Solucionario Capítulo 4

1. Seleccione si las siguientes afirmaciones son verdaderas o falsas:

a. Los hornos de convección pueden cocinar alimentos al vapor.

- ☐ Verdadero
- ☑ **Falso**

b. Los alimentos envasados al vacío se pueden cocinar a baja temperatura en el horno con la función vapor de calor húmedo.

- ☑ **Verdadero**
- ☐ Falso

c. Las planchas funcionan con energía eléctrica.

- ☐ Verdadero
- ☑ **Falso**

d. Los microondas se utilizan exclusivamente para calentar un producto o para descongelar.

- ☐ Verdadero
- ☑ **Falso**

e. Para la realización de braseados en el horno se utilizará el calor seco-húmedo.

- ☑ **Verdadero**
- ☐ Falso

2. La plancha se limpiará...

a. ... con un estropajo de aluminio para desincrustar la grasa.
b. ... con vinagre o limón, la espátula y un poco de agua o hielo.
c. ... en profundidad después de cada elaboración para que no se acumule la grasa y suciedad.
d. ... una vez que se enfríe después del servicio.

3. Refiriéndonos a la utilización del microondas, ¿cuál de estas afirmaciones es falsa?

a. No se pueden introducir elementos metálicos.
b. Se puede cocinar y gratinar en él.
c. Es necesario cubrir todos los alimentos para evitar salpicaduras.
d. No es apto para calentar alimentos envasados al vacío.

4. La temperatura del aceite en la freidora...

a. ... es independiente del alimento que queramos cocinar, debiendo ser siempre constante.
b. ... debe ser cercana a 200 °C para que se doren bien los alimentos sin absorber mucha cantidad de este.
c. ... no debe superar los 180 °C por cuestiones de seguridad alimentaria.
d. ... debe mantenerse constante a unos 150 °C.

5. La araña es...

a. ... un colador metálico en forma de cono.
b. ... un utensilio de cocina que se utiliza para escurrir las frituras.
c. ... un utensilio de cocina que se utiliza para espumar fondos.
d. ... un molde de horno para pasteles.

6. De los siguientes utensilios, diga cuáles son específicos de pastelería.

a. Bol de medio punto, manga y varilla.
b. Bol de medio punto, manga pastelera y mandolina.
c. Bol de pastelería, araña, manga pastelera y varilla.
d. Manga pastelera, varilla y chaira.

Solucionario Capítulo 5

1. **Seleccione si las siguientes afirmaciones son verdaderas o falsas:**

    a. Los expositores se clasifican en calientes, fríos y mixtos.

    ☐ Verdadero
    ☑ **Falso**

    b. Los expositores de ingredientes utilizan recipientes GN 1/4.

    ☑ **Verdadero**
    ☐ Falso

    c. En las vitrinas calientes los alimentos se conservarán por encima de 70 ºC.

    ☑ **Verdadero**
    ☐ Falso

    d. Las barras de degustación son las exposiciones donde se ofrecen alimentos de forma gratuita para promocionar un establecimiento.

    ☐ Verdadero
    ☑ **Falso**

    e. Las barras de degustación son pequeñas barras donde se sirven bebidas en establecimientos de la industria alimentaria.

    ☑ **Verdadero**
    ☐ Falso

    f. Los expositores son elementos que venden por sí solos gracias al gran impacto visual que producen.

    ☐ Verdadero
    ☑ **Falso**

Solucionario Capítulo 6

1. **Seleccione si las siguientes afirmaciones son verdaderas o falsas:**

   a. La teoría de los colores de Goethe estudia la influencia psicológica que tienen estos en las personas.

      ☑ **Verdadero**
      ☐ Falso

   b. Los elementos decorativos de los platos pueden ser indistintamente comestibles o artículos de decoración.

      ☐ Verdadero
      ☑ **Falso**

   c. Las flores no se suelen utilizar en decoración porque no son comestibles.

      ☐ Verdadero
      ☑ **Falso**

   d. La tendencia clásica para presentar los alimentos consiste en situar el género principal en la derecha y la guarnición en la izquierda.

      ☑ **Verdadero**
      ☐ Falso

   e. Un bodegón es un bufé de fruta que se realiza para que el cliente se sirva directamente.

      ☐ Verdadero
      ☑ **Falso**

   f. La disposición de los alimentos en escotilla consiste en colocarlos formando líneas paralelas, haciendo coincidir en longitud por un lado las pares y por otro las impares.

      ☑ **Verdadero**
      ☐ Falso

Solucionario Capítulo 7

1. **Seleccione si las siguientes afirmaciones son verdaderas o falsas:**

   a. Entre los grupos de la oferta gastronómica de un bar o cafetería se encontrarán habitualmente el grupo de pescados y el grupo de las carnes.

      ☐ Verdadero
      ☑ **Falso**

   b. Una dieta saludable es la que te permite estar en línea y te ayuda a adelgazar.

      ☐ Verdadero
      ☑ **Falso**

   c. La SENC ha editado la pirámide de los alimentos basada en la saludable dieta mediterránea.

      ☑ **Verdadero**
      ☐ Falso

   d. El aceite de oliva, al igual que todas las grasas, es un alimento poco saludable que conviene evitar en nuestra dieta.

      ☐ Verdadero
      ☑ **Falso**

   e. Los huevos, el pescado, el marisco y las carnes magras son grupos de alimentos que se recomienda su consumo 3 o 4 veces en semana cada uno.

      ☑ **Verdadero**
      ☐ Falso

2. **El grupo de los macronutrientes está formado por...**

   a. ... hidratos de carbono, lípidos y vitaminas.
   b. ... lípidos, azúcares e hidratos de carbono.
   c. ... vitaminas, minerales y proteínas.
   d. ... proteínas, lípidos e hidratos de carbono.

3. **¿Cuál de las siguientes afirmaciones sobre las legumbres es cierta?**

   a. Producen una sensación de saciedad que las hace apropiadas para dietas de adelgazamiento.
   b. Tienen un alto contenido en lípidos e hidratos de carbono.
   c. Tienen un alto contenido en proteínas, lo que las hace alimentos indispensables en dietas vegetarianas.
   d. a y c son correctas.

4. **El Valor Calórico Total es un número que indica...**

   a. ... la cantidad total de energía medida en kilocalorías necesaria para desarrollar la actividad vital.
   b. ... las calorías totales que tienen los alimentos.
   c. ... el valor de las calorías que nos aportan los hidratos de carbono, los lípidos y las proteínas respectivamente.
   d. ... el aporte energético de cada una de las comidas medido en porcentajes.

5. **El Sistema de Raciones o equivalencias para la realización de menús dietéticos...**

   a. ... se basa en las Tablas de Composición de los Alimentos.
   b. ... es más sencillo que el otro sistema y permite cambiar los alimentos de la dieta con las tablas de raciones o equivalencias.
   c. ... es el que se realiza para dietas de adelgazamiento.
   d. ... resulta más monótono que el Sistema de las Tablas de los Alimentos.

6. El menú del día...

a. ... no incluye la bebida ni el pan.
b. ... suele variar para los servicios de comidas y para las cenas.
c. ... tiene siempre varios platos de cada grupo para que el cliente elija.
d. ... es igual que el menú-carta, con la diferencia de que cambia todos los días.

Solucionario 5

Control de la actividad económica del bar y cafetería

Solucionario Capítulo 1

1. **¿De qué materia trata la deontología de la profesión?**

    a. Revisión bucal del personal de servicio.
    b. Código ético de los deberes y obligaciones.
    c. Claves para optar a un ascenso.
    d. Certificado para ejercer la profesión.

2. **Defina brevemente las características de cada uno de estos establecimientos:**

    Coffee shop: amplia oferta de cafés, helados, pastelería y zumos.

    Café-bar: monografías del café, bebidas con y sin alcohol y comidas de sencilla elaboración.

3. **¿Cuál es el elemento que simboliza las categorías del bar-cafetería?**

    a. La estrella.
    b. La taza.
    c. El tenedor.
    d. La cuchara.

4. **Describa brevemente la palabra *aforo.***

    Número de personas permitidas por ley en un establecimiento.

5. **El espacio mínimo que se destina en un local a la zona de clientes es:**

    a. El 75 %.
    b. El 50 %.
    c. El 80 %.
    d. Lo decide el propietario.

6. ¿Qué es el *marketing?*

a. La correlación entre precio y calidad.
b. Un establecimiento que vende bebidas.
c. Un plan de descuento en los precios.
d. La interactuación entre la oferta y la demanda.

7. ¿Cuál de las siguientes afirmaciones es correcta?

a. El *marketing* acabará en breve con internet.
b. Internet asociado al *marketing* refuerza su efectividad.

8. ¿Qué factores definen un estudio de mercado?

a. Tipo de cliente, demanda, emplazamiento, competitividad.
b. Locales asequibles, cercanía a un mercado, zona en que no exista otro negocio, barrio que no sea ruidoso.

9. La oferta gastronómica, ¿debe cambiar en función de las franjas horarias?

a. Sí.
b. No.

10. Complete la frase:

La clave del éxito se sustenta en tres pilares: **calidad, precio y servicio.**

Solucionario Capítulo 2

1. **Para la apertura de un establecimiento, ¿qué organismo interviene?**

   Los ayuntamientos.

2. **Para iniciar un negocio de bar-café...**

   a. ... existen ayudas de hasta el 50 %.
   b. ... no se dispone de ninguna ayuda.

3. **Tras la apertura del establecimiento, un documento muy importante es:**

   a. Libro de reservas.
   b. Libro de clientes.
   c. Libro de visitas.
   d. Ninguno.

4. **Defina brevemente el significado de *queja*.**

   Queja es una muestra de insatisfacción por los bienes o servicios prestados.

5. **Defina brevemente el significado de *reclamación*.**

   Reclamación es una queja con pretensiones de indemnización.

6. **El sistema de financiación denominado *leasing* se diferencia de otros por:**

   a. Financiar el 100 %.
   b. Financiar el 80 %.
   c. Proporcionar mejores intereses.
   d. No se pagan las cinco primeras cuotas.

7. **Con respecto al *leasing*, señale la afirmación incorrecta.**

   a. Satisfechas las cuotas, el producto pasa a ser del arrendatario.
   b. A los equipos de segunda mano se les rebaja un 50% de su valor inicial.
   c. El periodo establecido para la cancelación de la deuda es de 2 años.
   d. Cuando se trata de la financiación de un inmueble los años son 10.

8. **Uno de los perfiles profesionales que se contempla en las actividades empresariales del sector de hostelería es:**

   a. El administrador propietario.
   b. El secretario de organización.
   c. El asesor jurídico.
   d. El jefe de sección.

Solucionario Capítulo 3

1. **Los cálculos de aprovisionamiento están supeditados a...**

   a. ... el dinero disponible.
   b. ... la oferta gastronómica.
   c. ... el precio de los alimentos.
   d. ... obtener mayores descuentos.

2. **¿En qué consiste la Teoría del proveedor único?**

   a. Un único proveedor para un negocio.
   b. Un único proveedor para un único producto.
   c. Varios proveedores para un producto.
   d. Cuantos más proveedores, mejor.

3. **¿En qué consiste el denominado *stock* de seguridad?**

   a. Mínimo de existencias fijado para un producto.
   b. Fijar las mercancías mediante cuerdas a los estantes.
   c. Sistema de alarma para detectar un fuego.
   d. No existe dicho *stock*.

4. **Señale si las siguientes afirmaciones son verdaderas o falsas.**

   a. Los vinos tintos aguantan mejor el paso del tiempo que los blancos.

   ☑ **Verdadero**
   ☐ Falso

   b. Los vinos blancos aguantan indefinidamente.

   ☐ Verdadero
   ☑ **Falso**

c. Los vinos rosados aguantan más que los vinos dulces.

☐ Verdadero
☑ **Falso**

5. Haga una breve descripción del inventario permanente.

Son las existencias debidamente contabilizadas.

6. ¿A qué criterios atiende el sistema de valoración FIFO para un inventario?

Aplica a las salidas idéntico precio que el de entrada.

7. ¿Cuál de estas características se corresponde con la definición de la negociación cooperativa?

a. Está basada en intereses mutuos.
b. Actúa en interés de una de las partes solamente.
c. Beneficia la fiscalización del producto.
d. Tiene tendencia a encarecer el producto.

8. Cite cinco elementos externos de un producto que hagan sospechar de este.

- Sin fecha de caducidad.
- Abolladuras.
- Pérdida del contenido.
- Olor desagradable.
- Óxido en el envase.

9. Señale si la siguiente afirmación es verdadera o falsa.

a. Un albarán de entrega tiene el mismo valor fiscal que la factura.

☐ Verdadero
☑ **Falso**

10. La ficha técnica de un producto, ¿habla de las características de este?

Sí.

Solucionario Capítulo 4

1. **¿Cuáles de las siguientes partidas pertenecen al apartado de costes indirectos?**

    a. Nóminas y salarios.
    b. Gastos de electricidad.
    c. Pagos de personal extra.
    d. Tinta impresora y papel de tiques.

2. **De las siguientes afirmaciones, diga cuál es verdadera o falsa.**

    a. El coste laboral es el importe de la mano de obra.

    ☑ **Verdadero**
    ☐ Falso

    b. El coste de producción es la suma de gastos generales y gastos laborales.

    ☑ **Verdadero**
    ☐ Falso

    c. El coste de la materia prima hace referencia a vegetales y derivados hortícolas.

    ☐ Verdadero
    ☑ **Falso**

    d. Los costes históricos son el gasto del personal extra para eventos puntuales.

    ☐ Verdadero
    ☑ **Falso**

3. **Defina con brevedad los conceptos de proceso y procedimiento.**

Proceso: fases que intervienen en toda elaboración.

Procedimiento: método de ejecución de un proceso.

4. **¿Cuál de las siguientes definiciones se corresponde con un escandallo?**

   a. **Rendimiento neto de un producto.**
   b. Aplicación de precios sin IVA.
   c. Porcentaje que se declara fiscalmente.
   d. Término que se emplea en las finanzas.

5. **¿Qué factores intervienen en el control de venta de bebidas alcohólicas?**

   a. El volumen del envase.
   b. El volumen del recipiente de servicio.
   c. **Ambas respuestas son correctas.**

6. **¿A qué medida hace referencia el concepto copa entre los licores?**

   a. **A 60 cl.**
   b. A 60 g.
   c. A 60 ml.
   d. A 60 céntimos de producto.

7. **Elija el número de copas resultantes de un envase de 70 cl.**

   a. **11, 5 copas.**
   b. 9,5 copas.
   c. 15,1 copas.
   d. Solo 8, para estar bien servidas.

8. **Señale los conceptos de precios que sean aplicables a un establecimiento como el bar-cafetería:**

   a. **De ardid con pérdidas.**
   b. De renta fija.
   c. **De captación.**
   d. De saldo o rebajas.

9. **Relacione los siguientes datos.**

d. Gastos generales.

c. Coste laboral.

a. Materia prima.

b. Beneficios netos.

10. **Calcule el PVP de un producto cuyo coste en materia prima asciende a 5 €.**

$5 \rightarrow 40\ \%$

$X \rightarrow 60\ \%$

$X = 60 \times 5 : 40 = 7{,}5$ // $7{,}5 + 5 =$ **12,5**

Solucionario Capítulo 5

1. **¿Qué actividad es primordial ejercer en la oferta para satisfacer la demanda de un mercado?**

   a. La puesta a punto de cocina.
   b. El control de la calidad de toda su oferta.
   c. Los horarios de apertura y cierre del local.
   d. La estrategia de precios.

2. **Enumere los cuatro factores de calidad.**

   - Calidad.
   - Cantidad.
   - Tiempo.
   - Costo.

3. **¿En qué áreas deben actuar los controles de calidad?**

   a. En los productos hortícolas.
   b. En la producción y el servicio.
   c. En las conservas y precocinados.
   d. En los cobros a clientes.

4. **¿Qué medidores de calidad cree convenientes para evaluar el nivel de agrado de sus clientes?**

   a. Sus halagos al personal.
   b. Las propinas que dejen.
   c. Cuestionarios de satisfacción.
   d. No es materia importante.

5. **Nombre dos sistemas de aplicación de técnicas de control.**

   - La norma.
   - El presupuesto.

6. Defina brevemente en qué consiste una auditoría financiera.

Certifica la verificación de los datos asentados en los registros generales.

7. ¿Cómo se denomina al dinero que queda tras hacer un cierre de caja?

a. Remanente.
b. Fondo de caja.
c. Las respuestas a y b son correctas.

8. ¿Qué control se puede ejercer sobre las ventas efectuadas en terraza y salón?

a. Chequeo de comandas y tiques de venta emitidos.
b. Las derivadas del % de venta habitual.
c. Diferenciar la comida de la bebida.
d. Es imposible establecer un control en estas áreas.

9. ¿Cómo se denomina al control sobre el estado de caja durante el servicio?

a. Arqueo de caja.
b. Balance de caja.
c. Control de efectivo.
d. Reajuste de ventas.

10. Defina los tipos de operación de caja denominados opción X y opción Z.

X: emite un informe de los registros efectuados hasta el momento, sin alterar los datos.

Z: informa de la actividad completa de la jornada y deja la caja a cero para otra jornada.

Solucionario Capítulo 6

1. **¿A qué características del establecimiento atiende la fijación de precios por situación geográfica?**

    a. **Al emplazamiento del negocio.**
    b. Al país donde se aplican.
    c. A la Comunidad Autónoma en que se aplican.
    d. Van relacionados con los productos autóctonos.

2. **¿Qué estrategia de precios adoptaría para aparentar el abaratamiento del producto en venta?**

    a. Poner en lugar visible la palabra oferta y la foto del producto.
    b. **Devaluar el precio en unos céntimos, evitando cifras rotundas.**

3. **Clasifique los apelativos.**

Licor	Café
Aromático	Aromático
Digestivo	Reconfortante
Tonificante	Animador

4. **De las siguientes afirmaciones, diga cuál es verdadera o falsa.**

    a. Todas las ofertas de los proveedores potencian las ventas.

    ☐ Verdadero
    ☑ **Falso**

    b. Las marcas blancas generan mayores beneficios a la larga.

    ☐ Verdadero
    ☑ **Falso**

c. Los intermediarios encarecen los precios de los productos base.

☑ **Verdadero**
☐ Falso

d. El buen estado de la maquinaria incide en la productividad del negocio.

☑ **Verdadero**
☐ Falso

e. Un empleado sano puede ser portador de gérmenes y no saberlo.

☑ **Verdadero**
☐ Falso

f. La propagación de infecciones patológicas de los alimentos solo se puede dar en cocina.

☐ Verdadero
☑ **Falso**

g. Las contaminaciones cruzadas solo se dan por causas externas al establecimiento.

☐ Verdadero
☑ **Falso**

h. Los procesos y procedimientos en materia de calidad no contemplan estos riesgos.

☐ Vordadero
☑ **Falso**

5. ¿Qué cartas de la oferta gastronómica retiraría a eso de las cuatro/cinco de la tarde?

a. La carta de platos combinados.
b. La carta de cócteles.
c. La carta de helados.
d. La carta de raciones.

6. **¿Qué herramienta es, por excelencia, instrumento válido para el control de la calidad?**

   a. Modernización de toda la maquinaria implicada en el servicio.
   b. Vigilancia intensiva de la calidad de la materia prima.
   c. Distribución de manuales de actuación individual.
   d. Trabajo en equipo.

7. **¿Cuál de las siguientes afirmaciones es correcta?**

   a. El buen profesional debe luchar para que el cliente jamás emita una queja.
   b. El buen profesional debe animar al cliente a manifestar su insatisfacción.

8. **Cuando una acción indebida es consecuencia de queja, ¿quién debe hacer frente a la misma?**

   a. El encargado general.
   b. El director comercial.
   c. El empleado al que se le plantea.
   d. El cliente debe formularla cuando el responsable vuelva.

9. **La organización internacional comprometida con el control de la calidad es conocida como...**

   a. ... Norma ISO: 9000.
   b. ... Madrid Excelente.
   c. ... Andalucía Gran Reserva.
   d. ... International USO 9010.

Solucionario 6

Aplicación de sistemas informáticos en el bar y cafetería

Solucionario Capítulo 1

1. ¿Qué es un TPV?

Los TPV permiten la creación e impresión del tique de venta mediante las referencias de productos, realizando diversas operaciones durante todo el proceso de venta y cambios en el inventario. También generan diversos reportes que ayudan en la gestión del negocio. Los TPV se componen de una parte *hardware* (dispositivos físicos) y otra *software* (sistema operativo y programa de gestión).

2. ¿Qué es un sistema operativo?

El programa fundamental de todos los programas de sistema es el sistema operativo (SO), que controla todos los recursos del ordenador y proporciona la base sobre la cual pueden escribirse los programas de aplicación. Es el primer programa que se abre al encender el ordenador.

3. ¿Qué es una base de datos?

Una base de datos no es más que un conjunto de datos organizados, de los que podremos acceder a los que deseemos.

4. ¿Cuáles son los componentes informáticos necesarios para una buena gestión del bar-cafetería?

- Pantalla táctil: es una pantalla que, mediante un toque directo sobre su superficie, permite la entrada de datos y órdenes al dispositivo.
- Impresora de tiques: normalmente impresoras térmicas que actúan sobre un rollo de papel térmico para la impresión. Con ella se dispensan los tiques a los clientes.
- Cajón portamonedas: este cajón sustituye a la tradicional máquina registradora. Va conectado al ordenador y lo podemos gestionar a través del software usado en la gestión del bar.
- Comandero: sustituye a la típica comanda en papel. El camarero podrá tomar nota con este dispositivo electrónico similar a una PDA. Suelen ir por radiofrecuencia y transmiten la comanda al TPV.
- Sistema operativo: el programa fundamental de todos los programas de sistema es el sistema operativo (SO), que controla todos los recursos del

ordenador y proporciona la base sobre la cual pueden escribirse los programas de aplicación. Es el primer programa que se abre al encender el ordenador. Sobre él será se instala el *software* del TPV.

- *Software* TPV: este programa es el que verdaderamente gestiona el bar-cafetería. A través de él podremos dar de alta productos, llevar un *stock*, realizar comandas, generar tiques y facturas, conocer en cada momento las consumiciones de las mesas y barra, etcétera.

5. De las siguientes afirmaciones, diga cuál es verdadera o falsa.

a. Desde la opción Maestros del programa ITACTIL podremos dar de alta todos los artículos con los que trabajemos, así como crear una base de datos de clientes, comerciales, representantes, etcétera.

☑ **Verdadero**
☐ Falso

b. Una base de datos está compuesta por campos.

☐ Verdadero
☑ **Falso**

c. Un registro es un conjunto de datos que pertenecen a una misma entidad.

☑ **Verdadero**
☐ Falso

6. ¿Qué es una hoja de cálculo?

Una hoja de cálculo es un programa que permite manipular texto y números dispuestos en tablas (formadas por columnas y filas), a los que es posible aplicar fórmulas y funciones.

7. Para insertar una fórmula en Excel, debemos situarnos en ella e introducir como primer carácter el signo...

a. ... "¿".
b. ... ">".
c. ... "=".

Solucionario Capítulo 2

1. **¿Qué es internet?**

   Internet es una red de ordenadores a nivel mundial, con la cual es posible buscar y compartir información. Internet es conocida como la red de redes.

2. **¿Cuántos ordenadores son necesarios para formar una red?**

   a. Más de 2.
   b. 1.
   c. 2 o más.

3. **¿Cuál fue la primera red fundada en España?**

   a. EARN.
   b. MEC.
   c. IRIS.

4. **¿Qué es un sitio web?**

   Conjunto de páginas web relacionadas entre sí y agrupadas bajo una dirección común.

5. **Defina ciberespacio.**

   Espacio virtual creado por medios informáticos. Particularmente, aquel por el que se desplazan imaginariamente los usuarios de internet.

6. **¿Cuáles son los elementos necesarios para conectarse a internet?**

   Un ordenador, un módem o *router* y una línea telefónica.

7. **¿Qué es el correo electrónico?**

El correo electrónico puede ser quizá la herramienta más utilizada de internet. Este ha sustituido en muchos aspectos al servicio de correos tradicional y hoy en día está catalogado como uno de los mejores sistemas de comunicación.

El correo electrónico permite enviar y recibir mensajes de texto, imágenes y, en general, cualquier tipo de archivo.

8. **Señale si la siguiente afirmación es verdadera o falsa.**

   a. Un portal es una página que solo ofrece realizar búsquedas.

      ☐ Verdadero
      ☑ **Falso**

9. **¿Qué es el *mailing?***

El *mailing* es una técnica comercial que consiste en enviar publicidad por correo postal o por correo electrónico.

Solucionario 7

Seguridad e Higiene y Protección Ambiental en Hostelería

Ejercicios de autoevaluación Unidad de Aprendizaje 1

1. **¿Cuáles son los factores que influyen en el crecimiento bacteriano?**

   Temperatura, humedad, aire, pH, tiempo y alimento.

2. **¿Cuál es el intervalo de temperatura en el cual se favorece el desarrollo de las bacterias?**

   a. **De 5 -10 °C como mínimo a 60-65 °C como máximo.**
   b. De 15 -20 °C como mínimo a 80-85 °C como máximo.
   c. De 15 -20 °C como mínimo a 60-65 °C como máximo.
   d. De 5 -10 °C como mínimo a 80-85 °C como máximo.

3. **Completa las siguientes frases:**

   a. La **limpieza** podemos definirla como la acción o conjunto de acciones que hace posible la eliminación de la suciedad producida por los restos de alimentos, grasas, polvo, etc.
   b. **Desinfección** es el conjunto de acciones en las cuales se eliminan todas las bacterias presentes en el área de trabajo.

4. **¿Qué elementos desinfectamos?**

   a. **Ropa de cocinero, utillajes, equipos y superficies, es decir, todo el entorno que esté en contacto con los alimentos.**
   b. Utillajes, equipos y superficies.
   c. Equipos y superficies.
   d. Solo utillajes de cocina.

5. **El uso de los utillajes de cocina de madera, ¿están totalmente prohibidos?**

   a. **No.**
   b. Sí.

6. En la Calidad Higiénico-Sanitaria se relaciona...

a. ... el estado del manipulador, medio y alimentos.
b. ... el estado solo del medio en el que se realiza el trabajo.
c. ... el estado del medio y el de los alimentos.
d. ... el estado solo de salud del manipulador.

7. Completa las siguientes frases:

a. El sistema de autocontrol nos garantiza **la seguridad e inocuidad** de los alimentos en cada fase de la cadena alimentaria. Para ello, nos basamos en la aplicación **de la metodología APPCC.**
b. El Sistema de Autocontrol deberá estar necesariamente **actualizado** y a disposición de los Servicios de Control Sanitario Oficial de alimentos, ya que son ellos los encargados de **supervisar, comprobar y verificar su correcta implantación.**
c. Como norma general, el Sistema de Autocontrol debe estar elaborado en equipo. Es necesaria la participación y compromiso de **todos los miembros de la empresa** que conozcan con detalle su funcionamiento y el **proceso productivo.**

8. ¿A qué productos le aplicaremos unas gotas de desinfectante alimentario?

a. A las frutas.
b. A las verduras y hortalizas.
c. A los huevos, pues son un alimento de alto riesgo.
d. A las legumbres.

9. ¿Cuál de las siguientes enfermedades de transmisión alimentaria es la más frecuente?

a. Salmonelosis.
b. *Shigella.*
c. *Staphylococcus Aureus.*
d. *Clostridium Perfringes.*

10. Enumera los casos en los que es necesario lavarse las manos.

- Al entrar en un área de preparación de alimentos.
- Antes de utilizar un equipo o manipular cualquier alimento.
- Después de usar el baño.
- Al salir del trabajo y retornar, por cualquier motivo.
- Después de fumar, comer o sonarse la nariz.
- Al cambiar de actividad en el área de trabajo, por ejemplo si estamos elaborando ensaladas y pasamos a limpiar pescado.
- Después de manipular alimentos desechados, desperdicios y basuras.
- Antes de manipular alimentos que no vayan a sufrir un tratamiento de calor
- Entre la manipulación de alimentos crudos y cocinados.

Ejercicios de autoevaluación Unidad de Aprendizaje 2

1. **¿Qué tipo de microorganismos pueden penetrar y multiplicarse en otros seres vivos?**

    a. Amebas
    b. Microorganismos patógenos
    c. Microorganismos no patógenos
    d. Sipuncúlidos

2. **¿Cuál es la temperatura idónea para llevar a cabo el proceso de desinfección?**

    a. 82 °C
    b. 65 °C
    c. 60 °C
    d. 40 °C

3. **Identifica si las siguientes frases son verdaderas o falsas:**

    a. Con la limpieza solo se consiguen eliminar los organismos patógenos.

    - Verdadero
    - **Falso**

    b. La limpieza y desinfección ha de ser característica dominante en todas las dependencias del establecimiento, y muy especialmente en las zonas de manipulación de los alimentos.

    - **Verdadero**
    - Falso

4. **¿En qué áreas se debe mantener una higiene mayor?**

    a. Áreas blancas
    b. Áreas grises
    c. Áreas rojas
    d. Áreas naranjas

5. Completa las siguientes frases:

El proceso de **esterilización** consiste en la destrucción de los microorganismos a través de calor.

La **desinsectación** consiste en la destrucción de los insectos mediante procedimientos o agentes físicos y químicos.

La **desratización** es la destrucción de animales roedores por procedimientos y/o agentes físicos o químicos.

6. ¿Qué detergente se usa como ayuda suplementaria de otros detergentes para eliminar la grasa?

a. Detergentes abrasivos
b. Detergentes neutros
c. Detergentes ácidos
d. Detergentes alcalinos

7. Los desinfectantes más utilizados son:

- Aguas a temperatura mayores a 80 °C.
- Amonios cuaternarios.
- Compuestos clorados.

8. ¿Con qué siglas se reconoce un desinfectante de uso alimentario?

a. HA
b. RD
c. DA
d. UA

9. Ordena las fases de la limpieza manual del utillaje de cocina y piezas desmontables de maquinaria e instalaciones.

1. Eliminar, mediante el cepillado, los restos de comida que contengan.
2. Se enjuagará en agua caliente.
3. Efectuar el lavado con agua caliente (40-50 °C) con la adicción de un detergente.

4. Se procederá al enjuagado con abundante agua corriente para arrastrar la suciedad levantada y los restos de detergente.
5. Proceder a la desinfección del objeto mediante un desinfectante y agua caliente a una temperatura de 82 °C.
6. Enjuagar con abundante agua para eliminar los restos del desinfectante.
7. Proceder al secado mediante aire seco o la ayuda de paños de papel desechables.

10. ¿A qué tipo de señal corresponde una señal de salida de emergencia?

a. **A las señales relativas a los equipos de salvamento o de socorro.**
b. A las señales de advertencia.
c. A las señales relativas a los equipos de lucha contra incendios.
d. A las señales de obligación.

Ejercicios de autoevaluación
Unidad de Aprendizaje 3

1. Completa las siguientes frases:

La actividad turística se suma a otro tipo de actividades o industrias que agravan **la problemática ambiental global.**

Recursos como el agua son motivo de enfrentamientos sociales y su explotación ocasiona **graves daños.**

2. Realizar vertidos a las aguas, ¿contribuye a su contaminación?

a. No.
b. Solo a las aguas continentales.
c. Solo cuando se vierten en el mar.
d. Sí, ya sean estas continentales o marítimas.

3. La industria hostelera produce impactos en el medio ambiente, a través de...

a. ... la emisión de gases y vertidos de aguas residuales.
b. ... los ruidos de maquinarias y de actividades.
c. ... la producción de residuos.
d. Todas las opciones son correctas.

4. Define qué es un residuo.

Cualquier producto en estado sólido, líquido o gaseoso que proviene de un proceso de extracción, transformación o utilización, y que es abandonado por parte de su propietario.

5. Identifica si las siguientes frases son verdaderas o falsas.

a. En la recogida selectiva los productos se depositan en un mismo contenedor.

- Verdadero
- **Falso**

b. El sistema de recogida selectiva requiere la implicación del personal del establecimiento.

- **Verdadero**
- Falso

6. ¿En qué contenedor depositarías para su reciclado una botella de vidrio?

a. Contenedor amarillo
b. Contenedor gris
c. Contenedor azul
d. Contenedor verde

7. ¿Qué residuos se producen en los establecimientos hosteleros?

a. Residuos asimilables a urbanos y voluminosos.
b. Residuos de demolición y peligrosos.
c. Residuos del jardín y de la cocina.
d. Los residuos producidos son los de las opciones a y b.

8. ¿Qué se define como la transformación de los residuos, dentro del proceso de producción, sea para su destino inicial o para cualquier otro fin?

a. Reciclaje
b. Reutilización
c. Reducción
d. Recuperación energética

9. Para conservar un equilibrio ecológico, ¿necesitamos depurar las aguas residuales como paso previo a ser vertidas a mares?

a. Sí
b. No

10. En los últimos tiempos se ha extendido la designación de "las cuatro erres". ¿Cuáles son los cuatro conceptos clave?

Reducción, Reutilización, Reciclaje y Recuperación energética.

Ejercicios de autoevaluación
Unidad de Aprendizaje 4

1. Ordena las pautas en el tratamiento de aguas potables.

1. Preoxidación
2. Coagulación y floculación
3. Decantación
4. Filtración
5. Neutralización
6. Desinfección final

2. ¿Por qué no debemos utilizar en las zonas ajardinadas y exteriores de establecimientos hosteleros plantas de otros climas?

Consumen más agua.

3. ¿Cuál es la media de consumo de agua por persona en un establecimiento hostelero?

a. 35-55 litros
b. 55-100 litros
c. 100-150 litros
d. 215-300 litros

4. ¿Cuál de las siguientes buenas prácticas es correcta?

a. Plantar árboles en el jardín, plantas autóctonas.
b. Llevar un mantenimiento adecuado de las torres de refrigeración.
c. Instalar sistemas de aprovechamiento de agua, pudiendo reutilizar el agua generada para el riego de jardines.
d. Todas las opciones son correctas.

5. ¿Cuál de las siguientes acciones no se considera una buena práctica a desarrollar en los aseos?

a. Instalación de cisternas de una carga.
b. Instalación de urinarios de descarga presurizada.

c. Colocación de grifos con temporizador.
d. Colocar mensajes de buen uso, como: "El inodoro no es una papelera, úselo correctamente".

6. Las siguientes afirmaciones, ¿son verdaderas o falsas?

a. Los clientes de un hotel prefieren luz natural.

- **Verdadero**
- Falso

b. Una buena luz natural ahorrará energía al establecimiento hotelero.

- **Verdadero**
- Falso

c. El diseño y la construcción del hotel pueden influir en el consumo energético.

- **Verdadero**
- Falso

7. Identifica cuál de los siguientes tipos de energía se considera no renovable.

a. Generación de energía a través de gas
b. Energía eólica
c. Biomasa
d. Energía solar

8. A nivel medioambiental, ¿qué es más interesante?

a. El gas natural
b. El gasóleo
c. El carbón

9. ¿Cuáles son los sistemas de aprovechamiento solar?

- Solar térmica, cuya finalidad es la captación de la energía solar para el aprovechamiento térmico.
- Solar fotovoltaica, cuya finalidad es la captación de energía solar para la generación de energía eléctrica.

10. La demanda térmica de un establecimiento dependerá de...

a. ... las características constructivas del mismo, como la ubicación y orientación del edificio.
b. ... los cerramientos utilizados en fachadas y cubiertas.
c. ... el tipo de carpintería, el acristalamiento y las protecciones solares.
d. Todas las opciones son correctas.

Ejercicios de autoevaluación Unidad de Aprendizaje 5

1. Si compramos productos locales y de temporada...

a. ... garantizamos artículos frescos y de calidad.
b. ... aumentamos el impacto ambiental, por los grandes desplazamientos a realizar para su servicio.
c. ... disminuimos el impacto ambiental, pues los desplazamientos a realizar para su servicio son más cortos.
d. Las opciones a y c son correctas.

2. Una vez elaborados y cocinados los alimentos...

a. ... dejaremos que se enfríen en la cámara a una temperatura de 0 a 4 °C.
b. ... dejaremos enfriar la comida antes de introducirla en la cámara de refrigeración.
c. ... la pasaremos directamente del fuego al congelador, a -18 °C.
d. ... el sistema que utilicemos para enfriar los alimentos cocinados es indiferente.

3. A la hora de comprar productos de limpieza, debemos elegir detergentes...

a. ... que disminuyan la grasa rápidamente sin necesidad de frotar.
b. ... que tengan un olor adecuado y dejen sensación de limpieza, pues disminuye el impacto ambiental.
c. ... sin fosfatos y productos biodegradables, pues disminuimos el impacto medioambiental.
d. ... que produzcan mucha espuma.

4. Respecto a la compra de pescado, ¿qué debemos tener en cuenta? Desarrolla tu respuesta.

Nunca se debe comprar pescado de tamaño inferior al legalmente permitido (para cada especie).

Por dos razones principalmente:

1. Si su tamaño no es legalmente permitido, llegará hasta nuestro establecimiento sin haber seguido los cauces habituales en su distribución, no habrá estado sometido a controles sanitarios y de calidad, con lo que ponemos en riesgo la salud de nuestros clientes.
2. Si consumimos alevines, piezas que no han llegado a su madurez y no permitimos la reproducción de la especie, podemos agotar una fuente de riqueza (mares, ríos) por explotarla en exceso.

5. Señala si las siguientes afirmaciones son verdaderas o falsas.

a. El consumo de energía eléctrica se incrementa si no mantenemos limpias las bombillas y lámparas.

- **Verdadero**
- Falso

b. Un fallo en el cierre hermético de las cámaras aumenta el consumo de energía.

- **Verdadero**
- Falso

c. Abrir el horno cuando creamos conveniente no influye en la pérdida energética.

- Verdadero
- **Falso**

6. Realizar inspecciones de la instalación de fontanería es importante para...

a. ... que no aparezcan manchas de humedad en las paredes.
b. ... detectar fugas y sobreconsumos de agua por averías.
c. ... detectar sobreconsumos en los distintos departamentos del hotel.
d. Todas las opciones son incorrectas.

7. **Enumera las características que crees adecuadas a la hora de comprar equipos informáticos.**

    - Que tengan un bajo consumo.
    - Una larga vida útil.
    - Fabricados en materiales reutilizables o reciclables.

8. **La temperatura de las cámaras frigoríficas y congeladores...**

    a. ... no se debe cambiar, ya que vienen programadas para que funcionen siempre a la misma temperatura.
    b. ... se debe regular adecuadamente, por separado, no disminuyendo la temperatura por debajo de lo necesario.
    c. ... debe estar siempre al mínimo, así nos aseguramos que los productos se mantienen durante más tiempo.
    d. ... se debe tener a una temperatura media de funcionamiento para que no gasten mucha energía.

9. **¿Qué podemos hacer con los aceites usados? ¿Se pueden tirar por el desagüe?**

    Podemos trabajar con una empresa autorizada que se encarga de la retirada de estos aceites.

    No debemos tirar los aceites por el desagüe, 1 litro de aceite puede contaminar 1.000 litros de agua.

10. **En la cocina, ¿qué aumenta el consumo energético?**

    a. Cocinar con recipientes demasiado pequeños en relación al fuego que se está utilizando.
    b. Cocinar con recipientes grandes en relación con la pequeña cantidad que se ha depositado en él.
    c. Dejar el agua correr mientras lavamos las verduras.
    d. Todas las opciones son correctas.

Ejercicios de autoevaluación Unidad de Aprendizaje 6

1. ¿En qué departamento de los que enumeramos se pueden producir accidentes por quemaduras?

a. Cocina.
b. Lavandería.
c. Mantenimiento.
d. Todas las opciones son correctas.

2. En un establecimiento hostelero, el suelo debe ser antideslizante...

a. ... en todas las zonas.
b. ... solo y exclusivamente en la cocina.
c. ... detrás de la barra de cafetería.
d. ... en recepción.

3. Las señales que tienen forma triangular, con bordes negros y un pictograma negro sobre un fondo amarillo, son:

a. Señales de prohibición.
b. Señales de obligación.
c. Señales de advertencia.
d. Señales de salvamento o socorro.

4. Que las máquinas de corte dispongan de mecanismos de protección es:

a. Aconsejable.
b. Recomendable.
c. Obligatorio.
d. No es necesario.

5. Los extintores en un establecimiento hostelero estarán...

a. ... en buen estado.
b. ... revisados.
c. ... en lugar visible.
d. Todas las opciones son correctas.

6. **¿Qué consecuencias puede ocasionar la falta de luz en un establecimiento hostelero?**

   a. Los clientes pueden confundir los restaurantes con pubs.
   b. Se pueden originar cortes por falta de luz o fatiga visual.
   c. Crearemos una atmósfera que propiciará el descanso de los trabajadores.
   d. Todas las opciones son incorrectas.

7. **En caso de incendio no podemos...**

   a. ... utilizar el ascensor.
   b. ... concentrarnos alrededor de la salida de emergencia.
   c. ... utilizar la escalera.
   d. Las opciones a y b son correctas.

8. **Al realizar simulacros...**

   a. ... podemos calcular el tiempo necesario para evacuar y el de respuesta por parte de los equipos externos.
   b. ... en ningún caso informaremos al personal del local.
   c. ... lo realizaremos por departamentos.
   d. ... siempre se informará a los trabajadores.

9. **Los establecimientos hosteleros dispondrán de un botiquín en los siguientes casos:**

   a. Cuando tienen capacidad para más de 50 clientes.
   b. En todos los casos.
   c. En restaurantes, en hoteles habrá sala de curas.
   d. Todas las opciones son incorrectas.

10. **Cuando una persona está inconsciente después de un accidente...**

    a. ... le daremos un poco de agua para que se recupere rápidamente.
    b. ... intentaremos despertarlo poco a poco.
    c. ... lo colocaremos en posición de seguridad, para que no se asfixie si vomita.
    d. Todas las opciones son correctas.

Solucionario 8

Inglés profesional para servicios de restauración

Ejercicios de autoevaluación Unidad de Aprendizaje 1

1. **Underline the odd one out in each sequence.**

    a. Chicken - **Cheese** - Pork - Beef
    b. Boiling - Roasting - Deep-frying - **Pudding**
    c. **Baking** - Flambéing - Boiling - Stewing
    d. Lettuce - **Lamb** - Tomato - Cabbage

2. **Read these two statements and decide whether they are True or False. Justify your answer.**

    a. Rice is a countable noun.

    - True
    - **False**

    False. Rice is an uncountable noun, as we consider it as a whole.

    b. In English, as in Spanish, we use the metric system to express measures.

    - True
    - **False**

    False. In English we use the Imperial System to express measures, while in Spanish we use the Metric System.

3. **Read the following definitions of the English Service style. Underline the correct option.**

    a. Food is brought from the kitchen in dishes, which are placed directly on the table.
    b. A dish comes partially prepared from the kitchen and it is completed in the restaurant by the waiter.
    c. It is a pre-plated service; food is served onto the guest's plate in the kitchen itself and brought to the guest.
    d. Food is brought on platters by the waiter and is shown to the host for approval.

4. Fill in the blanks with the verbs in brackets. Use the Present Continuous.

a. Mary **isn't drinking** coffee. She **is having** tea.
b. John **is sitting** next to Paula.
c. We **are getting** married next month.
d. Paul and Steve **aren't working** at lunch time.
e. Your brother-in-law **isn't speaking** to the lady in black.
f. **Is** Ian **coming** to the party?
g. The train **is leaving** at 7 p.m.
h. Where **is** Mr. Davis **eating?**
i. Claire and Daniel **aren't staying** at the Imperial Hotel.

5. Look at the information below and complete the sentences.

Delisse restaurant timetable
- Tuesday - Sunday: - 10.00 a.m. - 3.00 p.m. - 5.00 p.m. - 11.00 pm.
Winter
- Tuesday - Sunday: - 10.00 a.m. - 2.00 p.m. - 5.00 p.m. - 10.00 p.m.

a. The restaurant is **closed** on Mondays.
b. It opens **from** 10.00 a.m. **to** 3.00 p.m.
c. It closes at 10.00 p.m. in **Winter.**
d. Dinner is served **at** 5.00 p.m.
e. It **closes** at 11.00 p.m.
f. The restaurant **doesn't** serve breakfast.
g. **Does** the restaurant serve dinner? Yes, it **does.**
h. The restaurant is open **on** Saturdays.

6. Fill in the blanks with the correct modal verb.

Shouldn't - could - can - would

a. It's a surprise party, so we **shouldn't** be late.
b. **Could** you send this letter for me?
c. **Would** you like some more rice?
d. I can't hear you. **Can** you speak up?

7. Match the questions in Column A with the answers in Column B.

A	B
1. What would you recommend?	**4**. a. It's a typical Scottish dish made from lamb offal.
2. Could you recommend a suitable wine?	**1** b. The Shepherd's pie is a very tasty dish.
3. How much does it cost?	**5** c. Rhubarb pie is a very exotic pudding.
4. Could you explain what haggis is?	**2** d. The Chardonnay combines well with fish dishes.
5. Is there any dessert you would recommend?	**3** e. The bottle costs £19.95.

8. Read these two statements and decide whether they are True or False. Justify your answer.

a. The term "advertisement" has the same pronunciation in British and American English.

- True
- **False**

False. In British English it is pronounced /əd'vɜ:tɪsmənt/ while in American English it is pronounced /'ædvər'taɪzmənt/.

b. The term "Billboard" is used in Great Britain to refer to a large panel designed to carry outdoor advertising.

- True
- **False**

False. The term Billboard is used in the United States. The British term to refer to the large panel is "hoarding".

9. Underline the odd one out in each sequence.

a. Housing - LCD digital control panel - burr grinder - **toaster griller**
b. Plate warmer - hand dryer - glass washer - **cup warmer**
c. Cup warmer - dispensing head - frothing wand - **coffee maker**
d. Bench fridge - countertop display fridge - cold drink dispenser - **LCD digital control panel**

10. ¿What is the name of the next objet?

a. **Blender.**
b. Coffee maker.
c. Orange juicer.
d. Cold drink dispenser.

Ejercicios de autoevaluación Unidad de Aprendizaje 2

1. **Underline the correct answer.**

   a. What do you want to drink, Sir?
   b. Any drink, Sir?
   c. What would you like to drink, Sir?
   d. Are you thirsty, Sir?

2. **Underline the false answer in this situation.**

   a. Can I help you with some suggestions?
   b. May I recommend you a dish?
   c. May I recommend you today's special?
   d. Do you want me to choose for you?

3. **True or false. Choose the correct answer.**

   a. An aperitif is a small amount of food that you eat before a meal.

   - True
   - **False**

   b. An aperitif is an alcoholic drink that you have before a meal.

   - **True**
   - False

4. **Translate the following sentences.**

   a. Let me introduce you to Mary.
   Voy a presentarte a Mary.

   b. I am from France, which part? The north, near Paris.
   Soy de Francia, ¿qué parte? El norte, cerca de París.

c. What do you do for a living?
¿A qué te dedicas?

d. Hi, Rosie, this is Peter, the new Head Chef. He starts work at the weekend.
Hola, Rosie, este es Pedro, el nuevo jefe de cocina. Empieza a trabajar el próximo fin de semana.

5. Underline the false answer in this situation.

a. I am a waiter.
b. I am waiter.
c. I am the new waiter.
d. I am working as a waiter.

6. Underline the correct answer.

a. Hi, Can I take your coats?
b. Hello, Could I take your coats?
c. Good morning, Shall I take your coats?
d. Hey! Do I take your coats?

7. Underline the false answer in this situation.

a. Bye. See you soon. (Informal)
b. Bye-bye. Do you see you soon.
c. I am looking forward to seeing you tomorrow.
d. Goodbye. I hope to see you soon.

8. Study these sentences. Decide who is speaking, one of the guests or the waiters. Write G (guest) or W (waiter) next to each sentence.

W. Good morning, welcome to our restaurant.
W. I would like to introduce myself. I am the new bartender.
W. Shall I take your coat and bag?
W. May I recommend you a dessert?
G. I would like to have more red wine, please.
G. The meal and the service were excellent. It was a pleasure to have visited this new restaurant.

9. Fill in the blanks.

a. **G:** It is a bit cold here. Could we change table? It is a little bit **draughty** here.
   W: I am **very sorry** sir. I **will** change you it for immediately.
b. **G:** Waiter, we ordered thirty minutes **ago.**
   W: I am **afraid.** We are **short-staffed** today.
c. **G:** You have **spilt** some water on my trousers.
   W: Please accept my **apologies.** Let me try **to clean** it for you.

10. Translate into Spanish the following vocabulary.

a. Fortified
   Vino generoso, añejo.

b. Full-bodied wine
   Con mucho cuerpo, un reserva.

c. Sparkling water
   Agua con gas.

d. Still water
   Agua sin gas.

11. Fill in the blanks.

a. May I pay **in** cash? I don't have my credit card with me.
b. I'd like to pay **by** Visa. Do you take it?
c. I'll ask the Head Waiter to prepare the bill **in** pounds.
d. Can we pay **by** credit card?

12. Underline the false answer.

a. Excuse me, I am looking at a cash point, please.
b. Excuse me, could you tell me where the cash point is, please?
c. Excuse me, can you help me? I don't know the way to the cash point.

Ejercicios de autoevaluación Unidad de Aprendizaje 3

1. ¿Cómo se dice "carta de bebidas" en inglés?

    a. Apéritif
    b. Drinks List
    c. Drinks Menu
    d. Menu

2. ¿Cuál de las siguientes bebidas pertenece al grupo de "spirits"?

    a. Lemonade
    b. Cuba Libre
    c. Cognac
    d. Bitter

3. ¿Cómo continuarías "Large..."?

    a. Tea
    b. Beer
    c. Coffee
    d. Whisky

4. Dos clientes dejan el restaurante, ¿qué dirías como camarero?

    a. We´ll certainly come back soon.
    b. We look forward to seeing you again.
    c. Everything was to your satisfaction.
    d. Bye.

5. Un cliente comenta que quiere pagar con tarjeta de crédito, ¿qué le dirías?

    a. Very well, madam. Here's your receipt and your tip.
    b. I'm afraid we accept Visa, American Express and MasterCard.
    c. Certainly, madam. We accept Visa, American Express and MasterCard.
    d. Let me see what I can do about it, sir.

6. ¿Cómo se dice en inglés "agitar", para referirse a un cóctel?

a. Move
b. Stir
c. Shake
d. Remove

7. ¿Cómo se dice en inglés "salsa inglesa", para referirse a la que se usa en los cócteles?

a. English sauce.
b. Tabasco sauce.
c. Worcestershire sauce.
d. British sauce.

8. ¿Cómo se dice en inglés "lenguado"?

a. Sole
b. Eel
c. Tongue
d. Plaice

9. The Head Chef doesn´t like Chinese food.

a. isn´t liking
b. doesn´t like
c. like
d. don´t like

10. He's a very good barman. He prepares cocktails very well.

a. very good
b. good
c. very well
d. much well

11. Elige el artículo correcto o ausencia de artículo.

I'm allergic to **Ø** seafood.

a. the
b. a
c. an
d. Ø

12. Elige la opción correcta.

Can I have two **pounds** of pork chops?

a. pints
b. cups
c. pounds
d. gallons

The **head waiter** takes orders from the guests.

e. waiter
f. head waiter
g. haed chef
h. cook

Solucionario 8

actividades

Actividad 1

Escanea el siguiente código QR para escuchar un audio del diálogo que se presenta a continuación. Deberás completar los huecos que faltan con las siguientes palabras: Irish coffee - Dessert - Glass of red wine - Prawn cocktail - Vegetables

https://redirectoronline.com/mf10510104

- Waiter: Are you ready to order, sir?
- Man: Yes. I'll start with a ________.
- Waiter: And as a main course?
- Man: I will have the sirloin steak. Does it come with ________?
- Waiter: Yes, sir. It is served with a selection of sautéed vegetables.
- Man: Excellent.
- Waiter: Would you like anything to drink?
- Man: Yes, please. A ________ .
- Waiter: Would you like any ________ sir?
- Man: Yes, please. I'll try the chocolate fudge cake.
- Waiter: Ok. Any tea or coffee?
- Man: Yes, please. An ________ .

Solución

- **Waiter:** Are you ready to order, sir?
  Man: Yes. I'll start with a Prawn cocktail.
- **Waiter:** And as a main course?
  Man: I will have the sirloin steak. Does it come with vegetables?
- **Waiter:** Yes, sir. It is served with a selection of sautéed vegetables.
  Man: Excellent.
- **Waiter:** Would you like anything to drink?
  Man Yes, please. A glass of red wine.
- **Waiter:** Would you like any dessert sir?
  Man: Yes, please. I'll try the chocolate fudge cake.
- **Waiter:** Ok. Any tea or coffee?
  Man: Yes, please. An Irish coffee.

Actividad 2

Mrs. Jones va a cenar con unos amigos a "The White House Restaurant", pero antes debe realizar la reserva pertinente. Ordena las frases dadas y construye el diálogo correspondiente.

- **Mrs. Jones: Good morning. I'd like to book a table. What time do you serve dinner?**
- **Head waiter: The White House Restaurant. How can I help you?**
- **Head Waiter: We serve dinner from 5.00 p.m. to 11.00 p.m.**
- **Head Waiter: Yes, we do. We open seven days a week.**
- **Mrs. Jones: For two people.**
- **Head Waiter: Certainly, madam, for how many people?**
- **Mrs. Jones: OK. Do you open every day?**
- **Mrs. Jones: Can I book a table for Friday, please?**
- **Head Waiter: And, at what time?**
- **Mrs. Jones: At half past seven.**
- **Mrs. Jones: My name is Mrs. Jones.**
- **Head Waiter: What name is it, please?**
- **Head Waiter: Table for 2 people on Friday at 7.30 p.m. Thank you very much, Mrs. Jones. Goodbye.**
- **Mrs. Jones: Goodbye.**

Solución

El orden correcto es:

- **Head waiter:** The White House Restaurant. How can I help you?
  Mrs. Jones: Good morning. I'd like to book a table. What time do you serve dinner?
- **Head Waiter:** We serve dinner from 5.00 p.m. to 11.00 p. m.
  Mrs. Jones: OK. Do you open every day?
- **Head Waiter:** Yes, we do. We open seven days a week.
  Mrs. Jones: Can I book a table for Friday, please?
- **Head Waiter:** Certainly, madam, for how many people?
  Mrs. Jones: For two people.
- **Head Waiter:** And, at what time?
  Mrs. Jones: At half past seven.
- **Head Waiter:** What name is it, please?
  Mrs. Jones: My name is Mrs. Jones.
- **Head Waiter:** Table for 2 people on Friday at 7.30 p. m. Thank you very much, Mrs. Jones. Goodbye.
  Mrs. Jones: Goodbye.

Actividad 3

Mrs. Brendson va a cenar a un restaurante y mantiene un diálogo con el camarero en el que le pide asesoramiento sobre algunos platos y bebidas. Escucha el diálogo y elige la opción correcta.

Mrs. Brendson is having...

https://redirectoronline.com/mf10510109

a. **... samosas**
b. **... shepherd's pie**
c. **... melton pie**
d. **... a typical English dish**
e. **... a famous Indian dish**
f. **... a tasty Welsh dish**
g. **... red wine**
h. **.... white wine**
i. **.... spring water**
j. **... a creamy and rich wine**
k. **... a fruity wine**
l. **... an earthy wine**

Solución

a. Mrs. Brendson is having Shepherd's pie
b. Mrs. Brendson's choice is a typical English dish.
c. Mrs. Brendon is having Red wine
d. Mrs. Brendson's wine choice is a fruity wine

Actividad 4

Trabajas en la cocina de un restaurante, en la que recibes la siguiente comanda.

A partir de la misma, identifica las partes que la componen y relaciónalas con los términos facilitados.

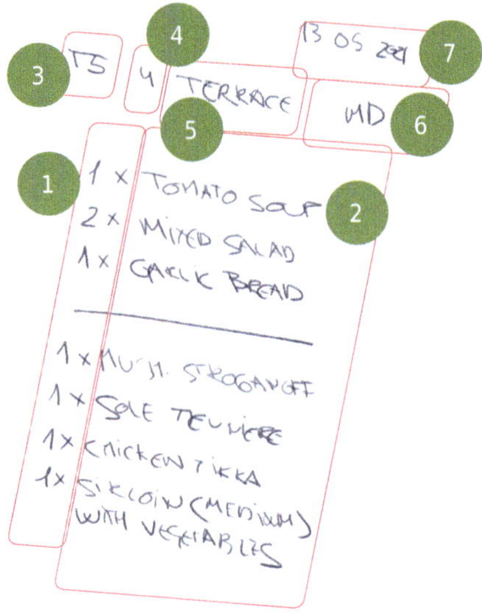

a. Number of people
b. Food order
c. Number of food items
d. Table number
e. Date
f. Place
g. Waiter ID

Solución

1. c
2. b
3. d
4. a
5. f
6. g
7. e

Actividad 5

En esta actividad te presentamos una serie de audios en los que podrás escuchar las indicaciones de uso de una batidora. No obstante, en el QR que se presenta a continuación podrás observar la transcripción de dichos audios.

Pon atención a los audios que se muestran y selecciona la opción correcta para completar las frases que se presentan.

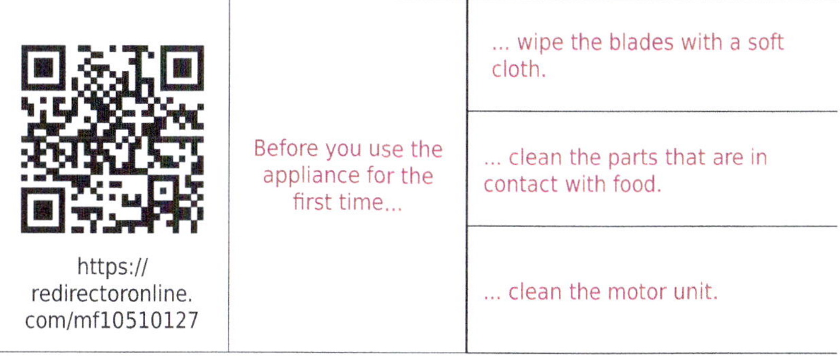

https://redirectoronline.com/mf10510127	Before you use the appliance for the first time...	... wipe the blades with a soft cloth.
		... clean the parts that are in contact with food.
		... clean the motor unit.

Continúa en página siguiente >>

<< Viene de página anterior

https://redirectoronline.com/mf10510128	Before using the blender ...	... screw the blender blade anticlockwise from the blender jar.
		... put hot ingredients in the blender jar.
		... insert the measuring cup into the lid.
https://redirectoronline.com/mf10510129	To disassemble the blender ...	...screw the blender blade unit anticlockwise.
		... disassemble the motor unit, the blade unit and the blender jar.
		... Answers 1 and 2 are correct.
https://redirectoronline.com/mf10510130	To store the unit ...	...push the mains cord into the storage compartment.
		... turn the control knob to 0.
		... disassemble all removable parts

Solución

- Before you use the appliance for the first time **clean the parts that are in contact with food.**
- Before using the blender **insert the measuring cup into the lid.**
- Answers 1 and 2 are correct.
- To store the unit **push the mains cord into the storage compartment.**

Actividad 6

Escucha la siguiente conversación sobre un cliente quejándose de su comida y a continuación relaciona cada pregunta con la respuesta correspondiente.

https://redirectoronline.com/mf10510209

a. **What does Danny spill on the guest's jacket?**
b. **Who is Verónica?**
c. **Name different examples from the text "to apologise":**
d. **What does Verónica say to him to sort the problem out?**
e. **How do you say in English "va a cuenta de la casa" o "lo paga la casa"?**

1. **Please accept my apologies, I am terribly sorry, sir.**
2. **Red wine.**
3. **The head waitress.**
4. **They will try to remove the stain with a stain remover or they will send the jacket to a dry cleaner's to be cleaned.**
5. **It is on the house.**

Solución

- What does Danny spill on the guest's jacket? → Red wine.
- Who is Verónica? → The head waitress.
- Name different examples from the text "to apologize": → Please accept my apologies, I am terribly sorry, sir.
- What does Verónica say to him to sort the problem out? → They will try to remove the stain with a stain remover or they will send the jacket to a dry cleaner's to be cleaned.
- How do you say in English "va a cuenta de la casa" o "lo paga la casa"? → It is on the house.

Actividad 7

Escucha la conversación entre camarera-cliente sobre el asesoramiento de bebidas con los platos elegidos. A continuación selecciona la opción/es correctas a las preguntas facilitadas.

https://redirectoronline.com/mf10510211

1. What do they order to eat as main course?

   a. Pâté.
   b. Soup.
   c. Omelet.
   d. Oysters.
   e. Pumpkin cream.

2. What do they order to eat as second course?

   a. Prawns.
   b. Goat's cheese salad.
   c. Fillet steak.
   d. Sole Meunière.
   c. Creamy Voggio pasta.

3. What do they order to eat for dessert?

   a. Cheese cake
   b. Apple pie
   c. Ice-cream
   d. Brownie
   e. Pinneapple

4. What does the wine waitress recommend to drink for the main course?

   a. Sweet wine.

b. **Dry sparkling wine.**
c. **White wine.**
d. **Champagne.**

5. **What does the wine waitress recommend to drink for the second course?**

a. **Dry fortified wine.**
b. **Red wine.**
c. **Dry white wine.**
d. **Rosé wine.**

6. **What does the wine waitress recommend to drink with the dessert?**

a. **Sweet fortified wine.**
b. **Champagne.**
c. **Dry white wine.**
d. **Herb liqueur.**

Solución

1. Las respuestas correctas serian:

- Pâté.
- Oysters.

2. Las respuestas correctas serian:

- Prawns.
- Goat's cheese salad.

3. Las respuesta correcta seria:

- Ice-cream

4. Las respuestas correctas serian:

- Sweet wine.
- Dry sparkling wine.

5. Las respuestas correctas serian:

- Dry fortified wine.
- Dry white wine.

6. Las respuestas correcta seria:

- Sweet fortified wine

Actividad 8

Mr. Owen va a almorzar a un restaurante y tiene una incidencia con la cuenta. Escucha la conversación que mantiene con el camarero y completa el diálogo con la opción correcta.

VAT is charged - Is tax included? - Here you are, sir. - terribly sorry - Can I help you? - Something wrong - would you like to pay?

https://redirectoronline.com/mf10510213

- Guest: Excuse me, waiter.
- Waitress: Yes, sir. _________?
- Guest: Could you bring me the bill, please?
- Waitress: Of course, immediately. _________.
- Guest: Well, I think there is _________ with the meal. I ordered one smoked fish and there was more than one fish on the bill
- Waitress: Just a moment, I will check it for you.
- Waitress: I am _________. I'll bring you the correct bill in a second.
- Guest: That's all right.
- Waitress: Here is your bill, sir.
- Guest: Oh, but that's a lot of money, is tax included?
- Waitress: Yes, sir. _________, so it makes more expensive.
- Waitress: How _________? In cash or by credit card?
- Guest: I'll pay by MasterCard.

Solución

- **Guest:** Excuse me, waiter.
- **Waiter:** Yes, sir. **Can I help you?**

- **Guest:** Could you bring me the bill, please?
- **Waiter:** Of course, immediately. **Here you are, sir.**
- **Guest:** Well, I think there is **something wrong** with the meal. I ordered one smoked fish and there was more than one fish **on the bill.**
- **Waiter:** Just a moment, I will check it for you. I am **terribly sorry** I'll bring you the **correct bill** in a second.
- **Guest:** That's all right.
- **Waiter: Here is your bill,** sir.
- **Guest:** Oh, but that's a lot of money **Is tax included?**
- **Waiter:** Yes, sir. **VAT is charged,** so it makes more expensive.
- **Guest:** I see.
- **Waiter:** How **would you like to pay? In cash or by credit card?**
- **Guest:** I'll pay by MasterCard.